古代史おさらい帖

考古学・古代学課題ノート

森 浩一

筑摩書房

目　次

5 海を渡る倭人たち 215

古代史おさらい帖

——考古学・古代学課題ノート——

はじめに

今までは、本を書きあげてから序文を作っていた。今回はあれこれ道草をしないで、目標に向って書き進めるつもりで、これまでとは意気込みが違う。体調や年齢を考えると、これからの執筆の機会がそう何度もありそうではなく、食事にたとえると一食を大事にするような気持で事に臨んでいる。ことによるとこれが最後の晩餐になるかもしれない。

友人たちの話では、大学の新入生が手軽に読める入門書がなかなか見当たらないという。一昔前ならば、新書の類から適当なものに出会って、読書の楽しさを知るきっかけになることが多かった。だが最近は新書の刊行がとても盛んである。なかにはそのテーマで書くのがまだ無理におもえる経歴の人が書いていることもあって、新書と言っても本のレベルにかなりの凹凸がある。最初の読書で、レベルの低く、知的好奇心の湧かない本に当たった若者はあまりにも気の毒である。

考古学や古代学の入門書とはいえ、型どおりの入門書にするのでは堅苦しすぎる。それと名の通った研究者が暗黙のうちに使っている基礎知識のなかにも、実は未証明のうえに出来上がった脆弱さをもつものさえある。太平洋戦争が終わって、自由に研究ができるといわれるようになって六十数年がたつのに、意外なことだが学問の諸分野にはまだ脆さをかかえている。

このように考えると、入門書とはいえ、既成の学問成果を列挙するだけではなく、一見学問の成果(到達点)のようにみえる事柄についても、その問題点を列挙しておさらいすることが本当の入門書になるように思える。

一つずつの知識を、クイズの答えのように暗記するのではなく、それが強固な資料を咀嚼したうえに出来あがっているのか、まだそこまでは至っていないのかを、一人一人が自ら会得してほしいというのが、ぼくのねらいである。

ぼくがずっと前に編集した本に『考古学・その見方と解釈』(上・下)がある。きちんとした見方と自分なりに解釈することを身につける。これは考古学だけでなく、古代史をはじめとする文献学にもいえることだし、文献学をも取りこんだ古代学を展開する場合にも重要である。見方と解釈が弱かったり間違っておれば、「研究」に費やした時間にまったく意味はないし、その分の人生は生きていた値打ちがないといってよかろう。以上のような点に留意しながら、手軽な考古・古代学、一口にいって古代史の入門書を書いてみようとするのだが、どこまで達成できるか、まるで出発点にたつマラソンランナーの気持である。

第一章　土地の見方

1 海道と島々を考える

島国根性という言葉をよく耳にする。閉鎖的で暗さを感じる使われ方がされているようである。だが大小の島々からなる日本列島では、古くから活力と行動力にあふれた人々が暮らしてきた。本来の島国根性とは、たくましさと明るさにあふれた生き方からできた言葉のようにぼくは感じている。歴史的にみて、島とはどんな土地だったのか、古代人が重視した島とはどこだったのかなど、島についての基礎知識を書いてみよう。

貝の交易

日本列島には有人の島が約四二五ある。大陸とのあいだは海で隔てられているが、舟を使うとどの土地からも大陸へ渡ることができた。対馬と朝鮮半島のあいだにある朝鮮海峡の場合は、手漕ぎの舟でも海の静かな日なら一昼夜で渡ることができる。このように日本列島の周囲に海があるということは、地形的には孤立しているようではあるが、舟を利用すると活発に行動ができたのであり、島国だったことによってさまざまな恩恵があった。

約四二五の島のうちの主要な島が北海道島、本州島、四国島、九州島であり、そのほかの島を離島とよぶ習慣がある。離島といえばつい交通や日常生活の不便な土地という印象をもつことがある。だがこの価値観は東京や京都のような首都あるいは昔の首都や、名古屋や福岡のような大都会からの視点であって、大陸という観点からでは逆に「離島」のほうがずっと近いこともある。それに佐渡島や対馬のように鉱物資源を豊富に産する島もあるし、一般的にいって島は海産物や森林資源にも恵まれている。

日本列島の海上交通は、島々をつなぐことによって網の目のように発達してきた。舟（船）の大きさや構造もさることながら、海流や風向き、それに海道（路）の地形についての知識も海人《あま》にとっては重要な能力だった。海人の家では、子供のころから海についての知識を身につけるように努めて、一人前の水手《かこ》や漁師《りょうし》が育てられてきた。突飛なことに聞こえるかもしれないが、古代の日本国の基礎を作った天武天皇の幼名は大海人皇子《おおあまのおうじ》であった。立派な海人（のような男）が古代人の理想だったのであろう。

西暦三、四世紀といえば、日本列島のうちでも西日本の各地で、統一国家をめざしての胎動がはじまりかけた頃だが、そのような動きとかかわりが少なかった沖縄諸島（南島）

から北海道の南西部（渡島《おしま》ともよばれた）まで、つまり約二二〇〇キロも離れた土地のあいだを人が移動した形跡がある。

このときの移動が集団の移住によるものか、それとも交易活動による移動か、あるいはいくつかの港（津）をリレー式にして物だけが運ばれたのかはともかく、南島産のイモガイの貝殻を使った装身具としての腕輪が、北の北海道まで移動しているのである。

西暦紀元ごろから五世紀にかけて、南島に産するイモガイ、ゴホウラ、スイジガイ（水字貝）などの貝殻が宝石のように貴重視され、沖縄諸島から九州島の全域、さらに時代が下ると近畿から中部地方にもこれらの貝の加工品を異常なほど好む流行がひろがった。ところが、近畿どころか、北海道の内浦湾に面した伊達市の有珠《うす》モシリ島（無人島）にある墓地に葬られていた死者の腕に、問題の貝輪が装着された状態で発掘されたのである。

いま〝たかが貝殻で作った貝輪〟と一瞬でもおもった人は頭を切り替える必要がある。試みに今日使われている漢字のうち経済活動にかかわる字をおもい浮かべてほしい。財、貯、贈、貧、貿など偏や脚《あし》に貝がついているではないか。売買も旧字体では賣買でどちらにも貝がついている。このことは貝が財貨になっていたことがあったのを物語っている。

漢字で用いられている貝の字形は、子安貝《こやすがい》とも宝貝ともよばれる貝の形から変遷してきた。いうまでもなく、漢字は中国、それも華北で創られ、発達したものである。ところが中国で珍重されたほどには、日本列島では子安貝は貴重視されなかった。それはなぜか。研究が進むにつれて、アジアでの子安貝の主要な産地が沖縄諸島だったことが明らかになってきた。それに関連して、中国人が倭人《わじん》（日本人）に関心を示し、中国の歴史書に「倭人」が登場しだすのは、子安貝を中国にもたらすのが倭人だったからだとする故江上波夫氏の説がある。

江上氏は、若い頃に「極東に於ける子安貝の流伝《るでん》に就きて」という論文を『人類学雑誌』に発表している。一九三二年のことである。ただしその頃はまだ沖縄諸島での子安貝の産出は確かめられておらず、中国での子安貝の使われ方に重きをおいての研究だった。

戦後になって沖縄諸島での考古学的な研究が盛んになるにつれ、イモガイ、ゴホウフ、スイジガイなどの採取や加工のことがよくわかりだし、それだけでなく子安貝の一大産出地だったことも明らかになりだした。江上氏は晩年になって口頭発表の形で考えを補足し、前記のように子安貝についての解釈をふくらませたのであった。このことは、江上氏をしても生涯をかけて、死の直前になってやっと満足すべき解釈に至られたことを物語っている。江上波夫といえば、騎馬民族征服王朝説の提唱者として知られているが、生涯を通して子安貝の動きに関心をもちつづけられたのである。

土地の認識と島々の名称

旧石器時代から、日本列島に住む人は季節的な移住をするなどよく旅をしていた。縄文時代や弥生時代あるいはそれ以降には、主要なムラには情報通の老人がいて大切にされていた節《ふし》がある。これらの老人は塩土老翁《しおつちのおじ》とよばれ、遠隔地の産物や生活の様子、さらにはそこへ至る道筋についての知識をもっている人として登場している。

想像してみよう。まだ遠隔地へ行ったことのないムラの若者が、交易などの目的で初めてよその土地へ旅をすることになったとしよう。情報通は、陸路の場合には〝大きな川を渡ると、秀麗な形の大きな山が見えるはずだ〟とか、海路の場合は〝突出した岬の先端をこすと、やがて舟の入れる潟《かた》があって、そこにムラがある〟という具合に説明するだろう。まだ地図はなかったから、以上のように目印の地形を順々にたどることによって道筋が教えられていく。

そうなると、目印の山とか川、潟や岬などを一つの名でよぶことがおこなわれるようになっただろう。原や野、海峡（瀬戸）や島、湖や沼などについても、地名が早くから生まれやがて定着していったのであろう。

旅の目印になったところでもとくに島は重要だった。日本海沿岸や太平洋沿岸、さらに瀬戸内海などに多くの島がある。日本神話では、イザナキ・イザナミという男女二神の結婚によって、次々に島は生まれた。日本神話冒頭のこの個所は、国土の生成を神秘的に説明したものだが、「大八洲《おおやしま》（島）の生成」とも「国生み神話」ともよばれるように、島（洲）単位で『古事記』（以下『記』と略す）や『日本書紀』（『紀』）では語られている。

注意してよいことは、島に洲の字もあてられていることである（次頁地図参照）。これは国生み神話では海水を煮つめて塩の結晶ができるときの様子によって大地の生成を説明しようとしている（『記』）ことに関係がありそうである。

日本列島の島々といっても、記紀がこの個所であげているのは西日本の島々である。四国島（伊予二名洲《いよのふたなのしま》）や九州島（筑紫洲《つくしじま》）のような大きな島だけでなく、淡路、隠岐《おき》（億岐）、佐度（佐渡）、吉備子洲《きびのこしま》などを『紀』では大洲（島）として扱い、朝鮮半島に近い対馬《つしま》や壱岐の島々もその次に重要な島としてあげている。対馬と壱岐の二島は後で述べる『三国志』『魏書』「東夷伝倭人条」（以下『魏志』「倭人伝」または「倭人伝」という）のなかで、紀行文風に島の様子や島人の生活が詳しく記録されている。

『記』でもほぼ同じ島々をあげているが、隠岐を三子島《みつこのしま》としたり、対馬を港（津）が多いの意味から津島《つしま》の表記で書くなど、土地勘のある地名が使われている。

国生み神話の地名と『魏志』倭人伝の国名
『記』は『古事記』、『紀』は『日本書紀』、□は『魏志』倭人伝の国名

現代人は時々間違って隠岐島《おきのしま》という。だが一つの島ではなく、『記』が三子島とよんでいるように、島々が集まっている諸島である。最大の島である島後《どうご》は、周吉《すき》と穏地《おち》の二郡からなり、島前《どうぜん》は知夫《ちふり》(知夫利)郡と海部《あま》の二郡(大きな島は三つ)からなっていた。

このように実地の地理に対応すると、藤原京や平城京にいた人も隠岐諸島の地理や役割をよく理解して行政組織づくりに反映させていたことがわかる。ここで、諸島のうちの一島(中ノ島)が海部《あま》郡になっていることから、漁撈活動が盛んだったとみる人がいる。しかしその見方は不充分で、都に送ったワカメ、ノリ、アワビ、ナマコ、イカなどの海産物に副《そ》えられた木簡の記載(納税者の住所や氏名)からみると、漁撈活動は隠岐諸島全域でおこなわれていて、海部《あま》郡だけの特色とはいえない。むしろ海部《あま》郡のある中ノ島は日本海の海上交通にとって重要であり、操船にたけた海人《あま》のいた島として重要視されていた。日本列島では、海部《あま》郡が紀伊、豊後《ぶんご》、尾張《おわり》と隠岐の四ヶ国にもうけられているが、いずれも海上交通の要地であった。

『記』では大八島《おおやしま》の次に重要な島として、吉備児(子)島をあげている。吉備児島は、今日では島の北部が本州島につづいているが、古代には一つの島で、ここも海上交通にとっての重要地だった。さらに小豆島《しょうど》、大島、女島《ひめ》と知訶島《ちか》や両児島《ふたご》をあげている。このうち吉備児島、小豆島、大島(周防大島ともよぶ屋代島《やしろじま》か)、女《ひめ》(姫)島は瀬戸内海の東西にある島々で、それらの島々の海上交通上の重要性がわかる。知訶（値嘉）島と両児島はともに五島列島にあるとぼくは推定している。五島列島は東シナ海と南シナ海の境にひろがり、とくに遣唐使の発着地としても有名な島々だったし、耽羅《たんら》とよばれた済州島《さいしゅうとう》へも渡ることができた。大陸と往来するために、対馬や壱岐とともに五島列島が重視されていたのである。

黒曜石と北東アジア交通網

日本列島では、火山活動によって作られたとされる天然ガラスが一万年あまりの長期にわたって石器、とくに打製石器の素材として貴《よろこ》ばれた。打製石器は石器時代には主要な道具の刃物として使われたから、鉄の利用が始まる前は鉄の役割を果していた。

ぼくの子供のころ、長野県の和田峠が黒曜石の産地としてよく知られていた。研究が進むにつれ、島根県の隠岐の島後、東京都の伊豆諸島の神津島《こうづ》、瀬戸内海西部の大分県姫島などでも良質の黒曜石を産し、それらを縄文人が盛んに採取していたことがわかりだした。

神津島を例にあげよう。伊豆半島の南端から約四五キロ離れた太平洋上にこの島はある。島内にも黒曜石の露頭はあるが、破砕された状態で堆積し石器の材料としては適さない。

日本の黒曜石の主要産出地

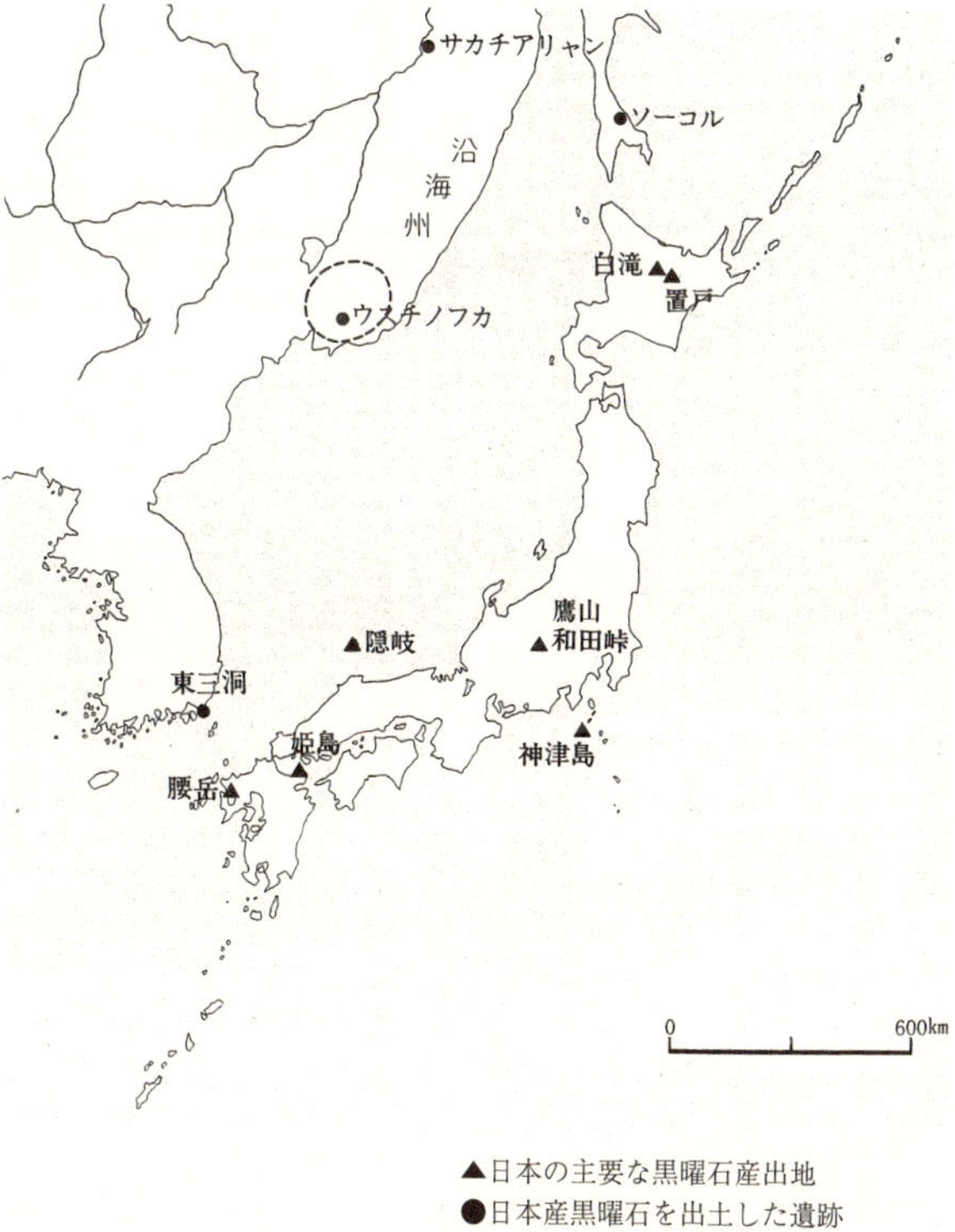

これにたいして神津島の西方の沖合約四キロの恩馳島《おんばせとう》（無人）周辺の海底には、アンパン状の塊石や一抱えもある大塊となって良質の黒曜石が散乱している。ここが長期間にわたって縄文人が採取した場所である。黒曜石の採取といえば、土を掘ることを連想するが、この島ではそうではなく、アワビやサザエと同じように人が海に潜って集めたのであろう。

神津島は今日では東京都に属しているが、明治初年より以前は伊豆国（そのなかの賀茂郡）であった。伊豆諸島の一帯は〝地震の巣〟という好ましくない言葉でいわれるように、承和《じょうわ》五年（八三八）から七年にかけて大地震がおこり、その時の激しい地形の変動を、『続《しょく》日本後紀』は神の仕業として伝えている。このような神を想定することによって、島名には神の字がつけられたのであろう。黒曜石の採取などで訪れる人の多かったことを「神」の津島の地名が物語っている。朝鮮海峡にも対馬とよぶ島があって、『記』では津島にしていたことにも対応する。

それにしても、旧石器時代末の人がどうして神津島に黒曜石があることについての知識をもつようになったのだろうか。推測では、カツオやマグロなどの魚、ウミガメやオオミズナギドリを追ってこの島まで舟で来た人が偶然に見つけたというのが発見の契機だったのであろう。伊豆のカツオは、律令時代にも都へ、その加工品（カツオ節に近いものか）を盛んに調《ちょう》や中男作物《ちゅうなんさくもつ》として貢進していて、古くから伊豆や駿河の名産物として知られていた。オオミズナギドリも島の人の蛋白源だった。

太平洋側には神津島があるように、日本海側では隠岐の島後、瀬戸内海では姫島が黒曜石の産地となっていて、地域内での需要を満たし、ひいてはそれぞれの海域で海上交通を発展させる一つの原因となった。

佐賀県伊万里市の腰岳《こしたけ》も縄文時代の黒曜石の産地であった。腰岳は九州島の北西部に位置するとはいえ、伊万里湾に臨んだ土地にあり、この地の黒曜石も舟で運ばれたと推定される。腰岳産の黒曜石やその石で製作された石器は海をこえて朝鮮半島南端の東三洞《とうさんどう》遺跡でも発掘されている（二一五頁地図参照）。

ギリシャとクレタ島のあいだに広がる東地中海の海域はエーゲ海とよばれる。多島海ともいうように島が多く、青銅器時代に高い文明が発達していた。この海域ではミロス島が黒曜石の産地で、人びとは舟を利用してこの島の黒曜石を東地中海の全域に点在する島々やギリシャとイタリアなどの大陸へも運搬し、地域の繁栄をもたらした。

エーゲ文明の基礎はこのようにしてミロス島の黒曜石の産出とそれにともなった海上交通の発達によって築かれたものであり、日本列島でもそれに似た様子がみられる。

なお北海道では白滝、置戸《おけと》、赤出《あかで》川《がわ》などに産する黒曜石がサハリン島をへて日本海を渡って沿海州へもたらされ、その地の遺跡で発掘されている。このことからこの地域でも黒曜石が北東アジアの交通網を発展させるうえで役割を果たしたのであろう。

越と越洲——船で行ける場所

地名に関連して、『紀』の国生み神話に戻りたい。すでに述べたように、国生み神話での国としては、島単位の地形が意識されていた気配がある。

第一に生まれたのが淡路洲（洲は島）、次に大日本豊秋津洲《おおやまととよあきづ》、次が伊予二名洲（四国島）、次が筑紫洲（九州島）、次に億岐洲と佐度洲を二子として一つに扱い、次に越洲《こしのしま》、次に大《おお》洲《しま》（周防大島）、最後に吉備子《きびのこ》洲《しま》をあげている。これらが大八洲国《おおやしまのくに》とされた。大八洲（島）は時代がたつとともに、日本列島を総称するようにも使われるようになったが、それは拡大解釈にすぎる。

これらの洲は、島や嶋の字でおきかえてもよいが、越洲と大日本豊秋津洲については検討しておく必要がありそうである。

越は福井県東部から山形県に至る日本海沿岸の広大な地域名である。七世紀末ごろから細分化されはじめ、越前、越中、越後の三つの国や佐渡、能登、加賀の国も生まれた。さらに七一二年に越後国の北部の出羽郡が出羽国となった。

ここでふれておかねばならないことがある。古い時代に一字の漢字で表記する地名は多くあったが、八世紀になるとそれを二字で表記する流行（法令もあった）によって二字で書くようになった。この流行によって越《こし》を高志とか古志と書くようになった。泉（国と郡の名）を和泉としたり、津（国の名）を摂津国とする例など枚挙にいとまがない。一字を二字にしたよりは例は少ないが、三字地名も二字にしている。隠岐の知夫利《ちふり》（郡名）を知夫の二字、それでも発音はチフリである。若狭《わかさ》の小丹生《おにゅう》（郡や郷名）を遠敷《おにゅう》といい、東大寺二月堂のお水取の行事に若狭の聖なる水を東大寺まで送るのが遠敷《おにゅう》明神である。

越の地域名が、日本海沿岸北東部の広大な地域名だったにもかかわらず、『紀』が国生み神話で越洲という表記にしたのはどうしてであろう。能登半島を越洲とみる人もいるが、その可能性はまずなかろう。この問題を解く鍵は、『紀』が斉明天皇の四年（六五八）とその翌年にかけての事件としている阿倍引田臣比羅夫《あべひけたのおみひらふ》のいわゆる蝦夷《えみし》の征討（実際は鎮撫）にある。

このとき比羅夫は一八〇艘の大船団を率いて日本海を北上した。『紀』が「齶田、渟代の蝦夷領を征した」とするのは秋田と能代のことで、次いで津軽にあったと推定される有《あり》間浜《まのはま》（十三湖周辺か）で渡島の蝦夷らも参集させて、和平のための大集会をしている。『紀』は大饗《たいきょう》をおこなったとするが、宴席を設けてご馳走をすることも外交政策としてきわめて重要だった。

ところで比羅夫は大船団で移動した。秋田、能代、有間浜など船の停泊できる土地（津）を拠点として移動するから途中の陸地は原則として通らなかった。このように考えると船で行くことのできる土地を洲（島）としてとらえ、越洲という表現が生まれたとしてもおかしくなかろう。日本海沿岸は、江戸時代になると陸路もあったが、北前船《きたまえぶね》の移動で知られるように、主要な港と港が船で結ばれたのである。

斉明天皇は日本海側の蝦夷の鎮撫政策にあわせ、六五九年には遣唐使を派遣して二人の蝦夷を同道し、唐の皇帝に示している。

この旅の様子は、使節の一員だった伊吉連博徳《いきのむらじはかとこ》が日記風に記録し、『紀』の本文に「伊吉連博徳書《ふみ》」として掲載されている。博徳は壱岐の豪族で、大陸に近い土地柄もあって外交や文筆能力にすぐれていたのである。

ところで唐の皇帝は、蝦夷に強い関心をもった。その質問にたいする答えを読むと、日本海側の蝦夷のうち、もっとも遠い者が津加留（津軽）、次が麁蝦夷《あらえみし》、一番近いのが熟《にぎ》蝦夷で、今ここに居るのは熟蝦夷だと説明したことがわかる。熟《にぎ》蝦夷とは越後と山形あたり、麁《あら》蝦夷とは秋田や能代の蝦夷、津軽は独立した勢力を保っていて、ヤマトの政権は日本海側の蝦夷（狄）の問題を唐の皇帝に報告しておく必要があったのだろう。

2 変貌する河内と摂津――国生み神話の鍵

日本列島のなかでも、縄文時代以来今日に至るまで海域から陸地にもっとも激しく変化してきたのは河内平野から大阪市の上町《うえまち》台地周辺に及ぶ土地である。河内平野は、河内湾の時代から河内湖の時代をへてすっかり平地になって今日に至っている。日本歴史の根幹部分の「神武東征の物語」は河内湾または河内潟の地形に即して描かれている。このことは戦後も触れられることはなかった。大阪市の中央には古くから西生《にしなり》（成）、東生《ひがしなり》（成）の二郡がある。生（成）とは国土の形成を意味する言葉で、この地で国家的な祭りとして八十島祭《やそしまつり》がおこなわれたことも見逃せない。それと大阪市を東西に流れる大川（昔の淀川の本流）は、仁徳天皇の時代に掘削された大運河とみてよく、この大運河の左岸においたのが高津宮《たかつ》であって、壮大な都市計画のあったことがしのばれる。

八十島《やそしま》祭と二つの「生《なり》」郡

平安京に都があった時期、淀川の川口でもある難波津《なにわつ》に赴《おもむ》いておこなわれたのが八十島祭である。この祭儀は水、とくに海とのかかわりが強かった。天皇の即位後、おおむね大《だい》嘗祭《じょうさい》の翌年におこなわれ、天皇一代に一度おこなわれる祭であった。天皇は御琴弾《みことひき》や男女の巫《かんなぎ》などを派遣して国土の生成（生まれて出来あがる）を感謝し、国土の発展を八十島の神々に祈願させた。

八十島祭については、故山根徳太郎氏をはじめ直木孝次郎氏や岡田精司氏などの多くの研究がある。それらの研究を読んでいるうちに、八十島祭とは古代史を説く鍵の一つであるという思いを深めた。ただし文献上の初現が平安時代初期からであることに研究上の壁があった。

以下、先学の研究の細部には立入らないで、難波《なにわ》とよばれた土地（もちろん津を含めて）の成り立ちと律令時代の行政区分に重点をおいて考えてみようと思う。なおこの項の前提として、前述の国生み神話があるとともに国の一つである大日本豊秋津洲《おおやまととよあきづ》の検討をも意図している。この島を奈良県内に想定する人もみられるが、それに疑問をもつ人もあって、ぼくも同感である。以下に述べる河内と摂津との地形の変遷を重視してのことである。

この問題にせまる手がかりは、大阪府の土地変遷、とくに広大な河内平野と上町《うえまち》台地周辺での地形変化の歴史である。重要なことは縄文時代前期に海進のピークがあって、河内平野の大部分には海がひろがり、これを河内湾といっていることである。

見落としてはいけないのは大阪市域の特異な地形として、河内湾の西部には南から北に向って上町台地が細長く延びていることである。上町台地によって河内湾と大阪湾とが隔てられている。そのため河内湾に流入する大量の水（近江、山城、河内に降るすべての雨水と、丹波、摂津、大和、伊賀に降る雨水）が上町台地北端と千里丘陵との間の狭い低地で大阪湾へ排出されていた。いうまでもなく、現代の大和川は柏原市で西流して堺市の北方で直接海に流れこんでいる。この構造は、宝永元年（一七〇四）の人為的な付け替え工事によるものである。

縄文時代中期ごろから、地球的規模で海退が始まり、河内湾の周辺から徐々に陸地になりだした。湖の面積が狭まり河内潟の時代になった。潟の東端に近い生駒山脈の麓に縄文時代晩期の日下《くさか》貝塚がある。そのことからこの頃には潟の東部が淡水湖化したと推定される。このようにして弥生時代から古墳時代にかけて河内湖となった（次頁地図参照）が、湖の一部はその後ものこりつづけた。

河内平野と上町台地

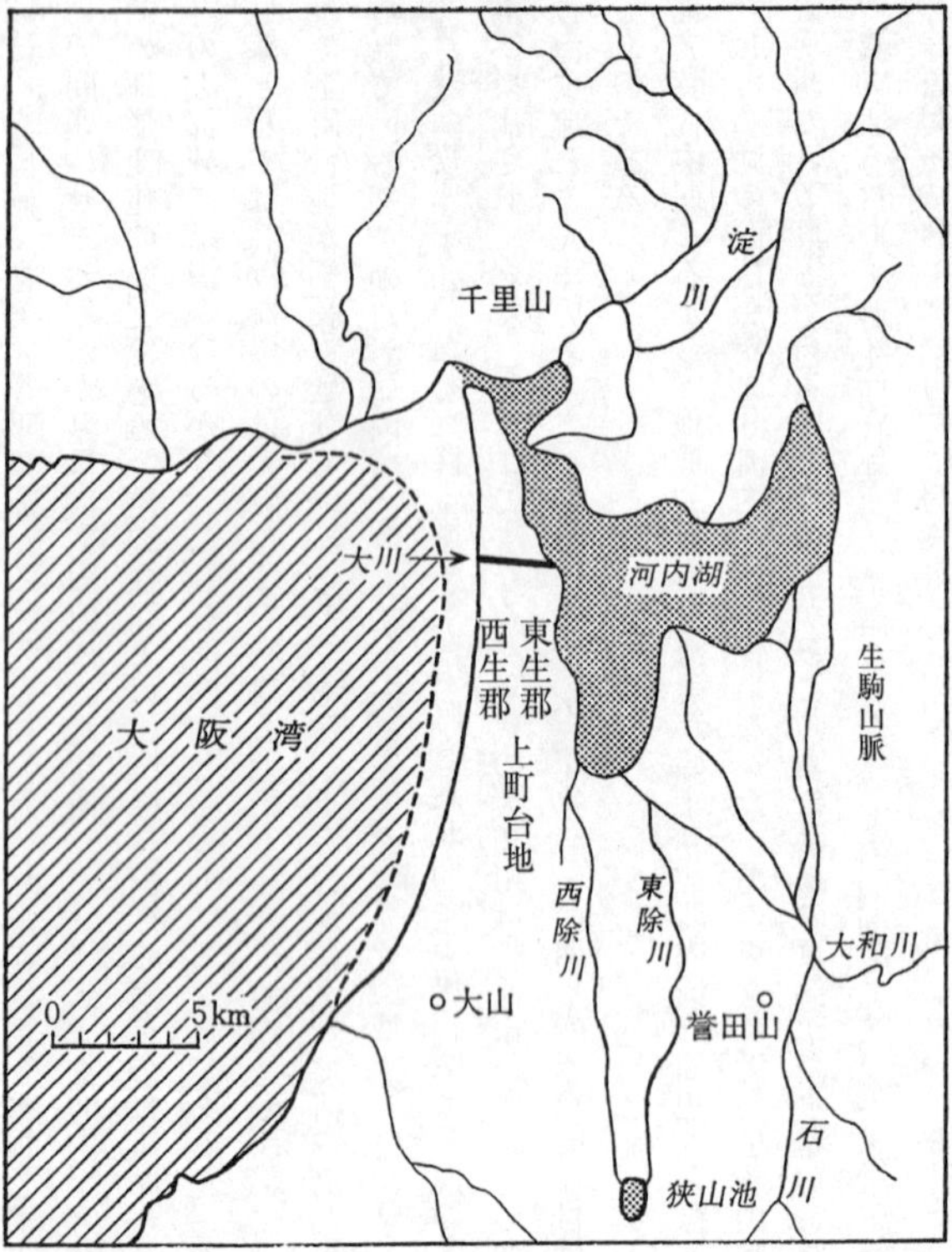

河内湖Ⅰ期の時代の古地理図に、大川、狭山池、大山・誉田山両古墳の位置、東生郡、西生郡の文字を追加
(「大阪平野の発達史」『地理学論集』7、1972. の梶山彦太郎・市原実両氏の図を参考に作成)

元禄二年（一六八九）に生駒山麓を旅した貝原益軒が、今日の大東市を中心にして、南北二里（八キロ）、東西半里から一里（二キロ〜四キロ）の湖の残存部としての深野池《ふこのいけ》があったことを記録している（『南遊紀行』）。湖のなかには、三ケ《さんこ》とよばれる島があって、漁業が盛んだった。

ぼくのみるところ、大阪府、とくに河内国と摂津国にかけての地域は、現代に至るまでの数千年間にわたって、日本でももっとも激しく海域から陸地に変貌した土地である。つまり国生みの進んできた土地であった。

以上のように大阪府の中央にある土地の変貌ははげしかったが、そのなかで不動の地形として洪水の害にも安全だったのが上町台地である。難波宮や大坂城は上町台地上に位置することもぼくには見落とせない。なお応神の大隅宮《おおすみのみや》や仁徳の高津宮《たかつのみや》も上町台地上にあったとして語られているとみてよかろう。

律令時代の行政区分では、上町台地には東成《ひがしなり》（生）と西成《にしなり》（生）の二郡があった。八十島祭はこの上町台地の麓でおこなわれたと推定されるから、土地名に成（生）がつくのは注意してよい。大阪市域には、もと住吉郡、百済郡《くだら》（面積は狭い）、東生郡《ひがしなり》、西生郡《にしなり》があった。

人が錯覚しやすいことがある。今日では東成区も西成区も北区、東区、西区、天王寺区、大淀区、西淀川区、淀川区、東淀川区、都島区などと同様の区の一つとしての扱いをうけていて、律令時代の東生郡や西生郡よりも面積の狭いことである。しかし東生・西生の地名は、律令時代や中世、近世には今日の大淀区などの区をも含んだ広い面積に及んでいた。しかも八世紀には、東と西の「成（生）」郡に分かれていたのは確かだから、それ以前は「成（生）」一字の地名で上町台地とその周辺全域を指していたとみてよい。その場合の「成」や「生」は国土誕生を意味するといいかえてもよい。日本神話では、国土の形成を「成」や「生」の動詞で表現していることはよく知られている。

長屋王木簡と大八洲《おおやしま》の祭祀

平城京内に天武天皇の孫の長屋王の邸宅があった。長屋王の父は壬申の乱で活躍した高市《たけち》皇子であり、長屋王も大きな勢力をもっていた。しかし天平元年（七二九）の長屋王の変によって長屋王は抹殺され、邸宅も荒廃した。

一九八八年に平城京の南に接した土地で大量の木簡が発掘され邸宅の遺構も確認され、ここが長屋王邸跡であると推定されるようになった。

長屋王邸跡から出土した木簡の一つは、習字、つまり筆ならしのために字を書いた木簡と推定され、それには二行にわたって次のような墨書がある。

祭祀登祭祭祀祀

祭祀大洲太八洲大

この木簡は、一九九〇年に刊行された「平城京発掘調査出土木簡概報二十三――長屋王木簡二」にまず報告され、一九九一年に出版された『平城京長屋王邸宅と木簡』には写真も掲載された。

この木簡について、八十島祭《やそしままつり》との関係に注目したのが角林文雄氏(故人)である。角林氏は『『日本書紀』神代巻全注釈』のなかで、八十島祭は奈良時代には「大八洲《おおやしま》」祭祀のようによばれていた可能性を指摘し、八十島祭の前史が八世紀前半にまで遡ることを論じた。すでにみたことだが、『紀』の国生み神話では、島のことを洲と書いていて、そのことからも角林氏の推論には賛同できる。

話はさらに遡る。六世紀中ごろに在位した欽明天皇は、継体天皇の嫡子(皇后の生んだ長男)である。別に述べるように継体は新王朝の始祖ともいわれ、山代《やましろ》(城)と河内を地盤にして政権を固めた。その勢力をさらに強固にしたのが欽明である。

欽明は即位した翌年に難波祝津宮に行幸している。祝津の発音はハフリツと推定され、地名の難波と港を意味する津の間に祝をつけて津の特色をいっているのである。「難波にある祭りをおこなう津」の意味と解される。難波祝津宮については『大阪府史』（第二巻）が述べるように、場所としては難波津のこととしてよかろう。

欽明が難波祝津宮へ行ったのは、即位（五三九年十二月）の翌年（五四〇年九月）であり、八十島（洲）祭が盛んにおこなわれた平安時代にも、この祭は天皇の即位後の早い時期におこなわれていることから、八十島祭の前身となる祭をおこなったのではないかと推定する。

神武東征と難波碕・河内湖の地形

もう一つ関心をひかれることがある。記紀は細部ではいくつもの違いはあるけれども、歴史物語としての骨組みはほぼ共通している。神話の部分が終わると、記紀が始祖王の扱いをしている神日本磐余彦《かむやまといわれびこ》（『記』では神倭伊波礼毘古）の登場となる。形容する語句としての神日本を省くとイワレ（磐余）彦である。イワレは奈良盆地南東部にある地名である。磐余彦は八世紀になって「神武」の漢風諡号をうけた神武天皇である。なお『記』が使っている神倭伊波礼毘古のなかの「倭」について述べると、発音はヤマトであるが、八世紀中ごろ以降に使われだす「大和」の表記は古くにはなかった。このことには後で再度ふれる。記紀では続いてそのイワレ彦の南九州（日向）からの東征（遷）の物語が始まる。

磐余彦は吉備で戦の準備をととのえたのち、船団をくんで難波碕《なにわさき》にさしかかると、波がひどくたち潮の流れのきつい場所があったので、この地を浪速国とも浪波《なみはや》ともいった。それがなまって今は難波とよんでいる（もちろんここでの「今」は『紀』編纂当時かそれに近いころである）。その速い流れを遡ると、河内国の草香邑《くさかのゆう》の白肩《しらかた》の津に至った。白肩の津は盾津《たてつ》ともよばれ、草香邑《くさかのむら》の港であろう。

その後の物語は省くが、草香は日下のこと、そこでヤマトの長髄彦《ながすねひこ》の軍と戦となり、磐余彦軍は敗退し熊野を迂回することになる。

ぼくが注目したいのは、この物語で次々にあらわれる地形が前の項で述べた河内湾または河内潟の地形とよく符合することである。さらに日下は別の発音では「ヒノモト」であり、最初の争奪地になったのが太陽信仰にとっての聖地であった。

以上の物語にでている難波碕での状況は、上町台地北端と千里丘陵との間にあった狭隘な水路の状況をいったのであろう。この水路は河内潟に流入する大量の土砂が海へ流れ出すところであり、底に土砂が堆積し、波が早かったのであろう。

ぼくは神武の東征の物語が、少なくとも大阪湾から河内潟にかけての土地についての古代の地形に即して語られている事が不思議である。といって神武東征から史実を引きだそうとしているのではなく、以上の不思議におもう点の原因をさぐりたい。

河内潟の時代でも河内湖の時代でもよい。潟や湖の周辺の人々は、大雨が降ると水害に悩まされた。この地域の人々の最大の関心事は人と水との争い（治水）で、地形の変化については長い間親から子へと語りつがれたのであろう。

河内湾周辺の陸化が始まるころから、すでに述べたように大量の土砂が狭い水道部から海へ排出され、それが海流で運ばれ、上町台地の西辺や北辺に長い砂堆《さたい》（砂洲）をつくりだし、さらに陸地は拡大し、人びとに新たな居住の地を生みだした。たとえば中世の堺とよぶ都市は、まさしくこの新しく形成された砂堆の上に作られた。今日の大阪市もかなりの部分はこの砂堆上に形成されている。また上町台地と砂堆の間には、後背湿地とよばれる細長い低地がのこる。ここをさらに掘削《くっさく》して利用したのが中世堺の周濠の一部（とくに東側）だったり、大坂市内の東堀川や西堀川であると推定されている。

仁徳紀の河内湖の治水と都市づくり

ぼくは子供のころ時々大阪市にでかけ、上町台地のあたりをよく歩いた。そのうちこの台地を東西に横切る二つの凹地のあることに気付きだした。

北の凹地とは淀川の下流の大川《おおかわ》で、今日も滔々とした水流がある(三四頁地図参照)。南の凹地とはJRの関西本線の天王寺駅を含む線路の一帯である。この個所でも、約一キロにわたって地面より深い大溝状の凹地のあることに不思議を感じている人もいるだろう。堀越、河堀などの堀のつく地名のあることからも、人工の凹地かと思うが、まだ検討は深まっておらず、ここでは扱わない。

これにたいして北の大川のほうはわかりやすい。大川は、明治二十九年(一八九六)から数年かけておこなわれた現在の新淀川の開削工事が完了するより前は淀川の本流だった。さらに新大和川のできる宝永元年以前には大和川の水も大川から大阪湾にでていたのである。とはいうもののいつからそういう構造になったかの問題があり、本来の大阪湾への水の排出口はすでに述べたように上町台地北端と千里丘陵の間の幅約二キロの低地で、(ここにJRの新大阪駅もある)大川の約四キロ北にこの低地ははじまる。

江戸時代には大川の岸に多くの藩の蔵屋敷が集まっていた。蔵屋敷とは各藩の米などの産物を売って金子に換える施設であるから、大川べりは船によって物資の集散のできる港(津)でもあった。

大川とよばれる部分では、上町台地は東西の長さが約二キロある。この台地は固い洪積層からなっているから、自然のままでは水の流れる凹地地形へは変わらない。ある時に発生した大洪水で凹地の原形ができ、その地形に人間が工事の手を加えて整然とした形にしたという見方もあった。だが洪水が小高い台地を突破るかどうかぼくには疑問である。ところで新淀川と大川を比べてみよう。新淀川は川幅が広く水を海へ流す機能はよく果たしている。だが水運にはあまり利用されていない。これにたいして大川は、毎年七月におこなわれている大阪天満宮の船渡御《ふなとぎょ》の祭のように船はたくさん通っている。なお天神さんの名でもよばれる大阪天満宮は大川の右岸近くにある。江戸時代には京都の伏見と大坂の天満とは淀川の水運で結ばれ、重要な交通路であった。そのような盛時の一端は船渡御の時だけにみられるのではなく、大川には今日水上バスが通り、中之島周辺へ通勤する人たちが利用している。

仁徳天皇の宮は、記紀ともに難波の高津宮と伝える。難波にあって津をとりこんでいるか、あるいは津に臨んだ宮の意味であろう。七世紀の例になるが、天智天皇の近江の大津宮は地形をみると琵琶湖に臨んでいて、その宮の特色をあらわした地名である。

仁徳紀には、難波の高津宮やその周辺で土木工事をした記事がある。ぼくはこれらの記事が一連のものと考えるようになり、「仁徳天皇と都市づくり」としてまとめたことがある（『記紀の考古学』所収）。

そのなかでも仁徳の十年から十一年とされる記事に注目した。十年にはまず宮の造営について述べ、翌年の十一年には、この国（摂津を含む河内）の地形は水はけが悪く、川の水が思わない方向に流れることを詳しく説明したあと、〝横なる源を決（解決する、決潰の決のこと）して海に通し、住居や田の水害を防ぐことを決意した〟とある。まさしく都市づくりのための基本に着手したのである。文中の〝横なる源〟とは河内湖の豊富すぎる水量のこととみられる。

『紀』によると、半年後に工事は終わり、〝（高津）宮の北の郊原を掘って、南（東の誤記か）の水を引いて西の海へ入れる。よりてその水を号《なづ》けて堀江《ほりえ》という〟とある。つまり「堀江」とは人工の多目的な運河をさしている。

「堀江」と大川――蘇る古代の都市計画

難波宮があった一郭の馬場《ばんば》町に元のNHKの建物があった。新しく西方の隣接地に移すことが計画され、事前に試掘がおこなわれた。すると一九八七年に整然と並んだ倉庫の遺構があらわれた。隣接地の東方を試掘しても倉庫跡はつづき東西に二列になって一六棟が配置されていた。これらの倉庫跡は五世紀から六世紀に及ぶことが明らかとなった。その結果、その土地への移転が中止され、さらに北方の地に放送局の建物が建てられた。

このようにして上町台地の北部に五世紀末から六世紀にかけての倉庫群のあったことが確かめられた。そのことは大川から難波の堀江の姿を推定しようとしていたぼくには大きな前進となった。これらの倉庫群（試掘でわかったのは一部）は、大川の左岸にあって川岸から八〇〇メートルほど離れている。それと台地面と川の水面には一〇メートルほどの高低差があり、普通の川岸にある津に比べると高津という表現はおかしくない。

以上のことを総合すると、大川とは仁徳紀にある「堀江」だとの考えをぼくは強めている。この堀江については、欽明十三年と敏達十四年の崇仏・排仏の騒動の記事では「難波の堀江」としてあらわれている。

上町台地を東西に横切る大川が、仁徳紀の「堀江」であり、その堀江が「難波の堀江」でもあるとすると、この「堀江」によって、舟のかよえる運河として利用できる恒久的な港（難波津）を確保することに加え、河内湖の水を直接海へ流す治水目的との二つの機能の実現が計画されたのである。

河内湾から河内平野の地形の変遷の研究に長年たずさわってこられた地理学者の市原実氏と貝類学者の梶山彦太郎氏は、この大川の開削以前と以後とでは河内湖に変化があらわれたはずだとして、河内湖Ⅰ期と河内湖Ⅱ期に区分された。前述の『紀』のイワレ彦の東征物語に反映しているのは、記事をすなおに読むと河内湖Ⅰ期のことと理解できる（三四頁地図参照)。ぼくはさらに宝永元年に開削された新大和川によっても、河内湖の残存部やもと河内湖のあった土地に流れる大小の川筋の水量に大きな変化があったとみて、それ以降を河内湖Ⅲ期にしようとおもう。

ぼくの大川への疑問は少年時代に遡る。一九七〇年ごろから、梶山さんにお会いする機会がふえ、市原氏との共同執筆の論文が発表される(「大阪平野の発達史」『地理学論集』7、一九七二)以前にも考えのあらましを聞いたり、あるいは解釈についての迷いなどをうかがった。このことはぼくなりの解釈を練りあげるうえでたいへん役立った。ぼくの解釈は『大阪府史』(一巻、古代篇Ⅰ、一九七八〇)、『巨大古墳の世紀』(一九八一、岩波新書)、『巨大古墳』(一九八五、草思社)などで次々に発表することができ、自分では時とともに考えてきたつもりである。

掘削された大川を眺めようとおもえば、大阪城北方の天満橋付近がよかろう。ぼくは何度もこのあたりで川面近くまで下り、掘削された台地の高さを実感してみた。これは大工事である。いつの時代であるかはともかくとして人が計画して実現させたのは疑いの余地はない。もし仁徳紀の記事に信憑性をおくとすれば、五世紀代のこととなる。もちろん五世紀の前半か後半かは、まだ決めることはできないが、後半の可能性が強い。

そうはいうものの、ぼくは大川の掘削と港(津)の確保は同じ計画にもとづくとみるようになったし、それだけではなく高津宮もその計画の基礎にあったと考えるようになった。大川の掘削は、高津宮を川の左岸に建設すること、その大川に津の機能をもたらすこと、さらに河内湖周辺の土地の水害を防ぐこと、の三つの目的があったことになる。

そのように考えると、高津宮がより壮大化したのが難波宮であることと、江戸時代の蔵屋敷が大川べりに集中していることからみても、津の役割が長期にわたって果されたことなどがわかるようになった。

五世紀といえば、河内（和泉はまだ河内国の一部）に巨大な前方後円墳が築造された、まさに巨大古墳の時代であり、大きな土木工事がおこなわれていた。それは知っていても、その技術が他にも使われた可能性には考えが及ばず、当時の人々は古墳づくりだけに土木工事の技術をつかっていたと考えがちだった。だが実際は、大川の掘削のような総合的な都市計画もおこなわれ、見事にそれを実現させたのである。このように国づくりは、自然の条件に立脚しつつも、人間の叡智と労働のたまものだったのである。

第二章　年代の見方

1　時間をどう記述したか

ここで時間というのは時の推移である。

歴史の叙述にさいして、さまざまの工夫をして時の推移をあらわそうとする。時代区分ともいうが、慣用の時代名についても問題は多い。さらに古代とか中世とか近世などの区分も使われているが、各々の境をいつにするかについては専門の研究者のあいだでも意見が分かれ、それぞれ違った基準で使われていることもある。奈良時代前期といえば何かわかるような印象をうけるが、平城京（奈良の都）があった時代の前期かそれとも平城遷都前の藤原京の時代を指しているのか、これもばらばらである。ぼくは後者の時代は飛鳥時代（の末）に含めるほうがすっきりすると考えている。以下、時の推移を論じる場合の基本事項をおさらいしてみよう。

第一章において、「ぼくの少年時代」とか「一九三二年」とか「天平元年」とか「八世紀」とか「縄文時代」とかさらには「縄文時代晩期」のような時の違いをあらわすさまざまの表現を用いた。あるいは用いざるをえなかった。

昔の人も自分の生きている「今」を基準にして、時の隔たりをどのように表すかについて苦心していたようである。奈良時代に編纂された『常陸国風土記』を例にとってもそのことはわかる。

『常陸国風土記』の時間記述

この風土記では、「古老が伝えてきた舊（旧）聞《ふること》を申す事」を基本方針にしたから、各地の伝承や伝説を豊富に集めている。そこで、さまざまの事件がおこった時までの古さをいうのに、昔、古、上古など漠然ということもあるが、多くはどの天皇の時だったのかであらわしているのがわかる。

風土記は漢文で書かれているが、一般には読み下し本がよく使われ、これには注釈やルビ（読み方）がつけられている。それもよいけれども、文章を使うときには必ず原文の漢字を確認することが大切である。それが必要な理由については先で指摘する。さらに読み下し文につけられたルビにも注意がいる。というのはルビの大部分は原文にはないものだから、注釈をつけた人の知識（ときには先入観）によっているからである。

ぼくが怪しいとおもうのに、古と上古のルビをどちらも「いにしえ」にしている例がある。同じ発音なら別々の用字にすることはなく、こういうのは余計なルビである。おそらく上古は「じょうこ」と音読にしたのだろう。「いにしえ」のほうは国語によった訓読であろう。

ぼくが以上のようにいいきるのは、「上古」の使われ方から考えてのことである。この表現は那賀郡の大櫛という丘にあった遺跡についての伝説を述べたなかで使われているのだが、記述は細かく、「上古、人あり」で始まる貝塚を観察した文章の冒頭で使われている。

この記述は、考古学史の基本資料でもあり、よく目にするであろう。今日いうところの貝塚であることは確実で、この記述に相当するのは水戸市にある縄文時代前期の大串貝塚のことである。大櫛はその後は大串となって、漢字の用い方は変化しているが、発音は昔のままが伝えられている。奈良時代の人々は、この遺跡の古さをいうのに上古を使ったとぼくは考える。

天皇の名か、宮の名か?

『常陸国風土記』が時代を表すのに多く用いているのは、どの天皇の時代かという表現である。しかし「大足日子（古もある）天皇」のように天皇の名で書く場合と、「難波長柄豊前宮馭宇天皇」のように天皇の居住地（宮とか大宮）の地名でいうことも多い。馭宇《ぎよう》とは御宇のことで、御を馬をならすの意として馭に置きかえたものである。

御宇は天皇の治めた世（期間）をいうが、後に述べるように墓誌のような金石文では「阿須迦宮治天下天皇の世」（船首王後墓誌《ふなのおびとおうごぼし》）とか「飛鳥浄御原宮治天下天皇」（小野朝臣毛人墓誌）のように「治天下」ともいう。なお、この前の例は舒明天皇、後の例は天武天皇である。

『常陸国風土記』では景行天皇を大足日子天皇と記していた。この天皇は風土記には西日本各地でもよく登場し、たとえば『播磨国風土記』には「大帯日子天皇」としてでている。しかし『豊後国風土記』では「纒向日代宮御宇大足彦天皇」のように、宮の名も省かないでくりかえし使われている。不思議なことに『肥前国風土記』でも「纒向日代宮御宇大足彦天皇」は肥前の各地を旅したとする伝承をのこしていた。

それはともかく、景行天皇といえば短くてすむものを、実際の資料では、宮の名に個人名をつけた長ったらしい名の方がよく使われていたことを忘れてはならない。別の機会に述べるけれども、居住地の名によって人を識別することはずっと後の時代にもあって、「清水の次郎長」とか「番場の忠太郎」などと世間でもよく用いられた。清水は静岡県、番場は滋賀県の地名として今日も使われている。

ここで、発掘によって実在がわかっている難波宮遺跡群のうちでも、難波長柄豊前大宮について説明しておこう。

『紀』ではこれは難波長柄豊碕宮とあって、孝徳天皇の宮である。『紀』によれば孝徳の治世に、いわゆる大化改新にともなう諸改革がおこなわれている。

戦後になって大阪の上町台地の北部で宮殿跡の調査が始められ、それらを難波宮と総称して地道に探索する発掘がおこなわれた。この事業は故山根徳太郎氏の情熱によって支えられ、その後調査組織も充実し、次第に全貌がわかりだした。長柄豊碕宮は、発掘によって存在が明らかとなり、前期難波宮とよぶ遺構群に対応しているという見方が有力となってきた。

前期難波宮の遺構の上の面には、火災によって生じた焼けた痕跡がひろがっている。この火災の痕跡は『紀』が天武天皇の十五年(六八六)一月十四日の条に述べている「難波の大蔵省に失火して、宮室ことごとく焚《や》けぬ」の記載に対応するとみられている。

なお『紀』は「或曰く」としてこの火災は〝阿《あ》斗連《とのむらじ》薬《くすり》の家の失火が宮室に及んだ〟とも付け加えている。これによって、七世紀後半の「難波宮」には、宮殿だけでなく、「難波京」として民家も建っていたことが推察できる。文中の「阿斗連」の斗は多くの例では刀、つまり阿刀とある。また安斗と書くこともある。官人の一人である。壬申の乱で従った舎人の「安斗智徳《ちとこ》日記」は『日本書紀』に利用された。

「元号」の使用はいつからか

今年は平成十九年で西暦では二〇〇七年である。ぼくの生年は昭和三年だから西暦では一九二八年の生まれである。この「昭和」とか「平成」が時代を呼ぶ名称としての元号であるが、最近は元号を使うことは少なくなりだした。

元号を年号ともいう場合がある。しかし厳密にいえば同じではない。前述の例では平成十九年とか昭和三年が年号で、昭和とか平成は元号である。

元号の制度は中国で始まった。細かい点では議論はあるが、漢の武帝の建元元年がこの制度の最初といわれている。建元元年は西暦でいえば紀元前一四〇年にあたり、この年から中国では元号によって年代をいうことがずっとつづいた。しかし中華民国の成立以降は元号は廃止された。その結果として現在この制度をのこすのは日本だけになった。

ここで考えようとしているのは、①中国の元号を日本ではいつごろから知るようになったのか、②それをどのようにして知ったのか、③日本独自の年号はいつごろから使われだすのか、の三点である。

このうち①と②は重複する点が多いので、両者を含めての説明になる。

『日本書紀』における元号記述

倭の女王卑弥呼が三国時代の魏へ難升米《なんしょうまい》らの使者を派遣した。それは「景初二年（二三八）六月」だったと『三国志』の『魏書』「倭人伝」に記録されている。

『三国志』は書物の名で、『魏書』『呉書』『蜀書』からなるが、『三国志』をいわない場合には、『魏志』「倭人伝」の通称を使う。以下ぼくも「倭人伝」を便宜上使うことにする。

「倭人伝」では日本列島についての情報が詳しく述べられるとともに、魏の天子が倭王卑弥呼にあたえた詔書の原文が引用されている。詔書の部分は「倭人伝」のなかでも史料価値は高いと評価されている。だが前述の「景初二年六月」の記載は詔書の文章中にあるのではなく、その詔書について述べた前文の部分にある。

細かいことをいうようだが、「景初二年六月」とは本来「景初三年六月」とあったものを、『三国志』が転写をくりかえし今日使われている刊本に至るまでに発生した誤記ではないかという疑念があり、そう考える人が多いし、ぼくもその可能性が強いと考える。なぜか。
日本の側の記述では、『紀』の神功皇后の三十九年の条に、「倭人伝」にあるこの事件にもとづいた記事がある。「是年也、太歳己未《きび》。魏志に云わく、明帝の景初三年六月、倭の女王が大夫難斗米等を遣わし郡に詣りて天子に詣らむことを求め朝献す。（帯方郡の）太守鄧夏、吏を遣して将て送り《ひきい》京都に詣らしむ」。このなかの景初三年は二三九年で、えと（干支）でいうと己未の年である。「太歳」は、即位など重要な事件のあった年の干支の前につけられる言葉である。

このように、『紀』に引用された『魏志』や『梁書』「諸夷伝」には「景初三年六月」とあるし、当時の北東アジアの政治状況をみても景初三年のほうが倭国から魏に行くことが可能だったと考えられている。

『紀』に引用された『魏志』では「倭人伝」中の人名として難升米を難斗米にしたり、帯方郡の太守劉夏を太守鄧夏にするなどの違いがあるが、そのことをのぞけば、「倭人伝」の文章がほぼ忠実に引用されている。

『紀』ではさらにその翌年の神功皇后の四十年の条にも、『魏志』にいわくとして「正始元年に建忠校尉の梯携《ていけい》らを遣わし、詔書と印綬を奉って倭国に詣った」こと、つまり魏のほうからの返礼の訪問をうけたことを述べている。さらに神功皇后の四十三年の条にも、

『魏志』を引いて、正始四年に倭王の遣使があったことを述べている。

その年より二十三年後の六十六年の条には「是年は晋の武帝の泰初二年である」と述べ、さらに晋の「起居注」（天子の言行録）によると「（晋の）武帝の泰初二年十月に倭の女王が訳を重ねて貢献した」の記事がある。なお元号の泰初は、『晋書』「四夷伝倭人条」では泰始となっている。ここでの倭の女王は、臺（台）與である。

以上にまとめた文章でも細かく検討すべき点はたくさんあるが、重要なことは、『紀』の神功皇后の条の中国史書を引用した四つの記事に、景初、正始、泰初（始）の三つの元号があることである。少なくとも『紀』の編纂時には倭人側が元号の存在を知っていたことがわかる。

ただ、問題としてのこるのは、では、さらにもっと古く卑弥呼や次の女王である台与の時代にすでにそれらの元号を知っていたのか、あるいはそれより約百年後の古墳時代前期ごろから知っていたのかの二つの状況が考えられる。

ぼくは古墳時代前期にはすでに倭国側でも中国年号を知っていたと考えている。どうしてそう考えるか。それは銅鏡に刻まれた年号からわかるのである。

2 銅鏡の「年代」をめぐって

日本列島で出土する古墳時代の遺物のなかに中国の年号をつけた銅鏡がある。これらの銅鏡と同じもの、あるいは酷似したものが中国の遺跡で発掘されている場合は、中国から輸入（舶載ともいう）されたとする見方はできるだろう。だが厄介なことに日本列島から出土する年号鏡、とくに魏の年号をつけた銅鏡はまだ同類が中国では知られておらず、日本列島での製作を考えることもできる。以上のことを扱うにさいして、前提として〝古墳時代の日本列島では文字文化がまだなかった〟とか〝元号を知らなかった〟など一定の知識を先にもってしまう人もいる。少なくとも中国年号をつけた銅鏡が出土しているのは不動の事実だから、古墳時代人が中国年号に接したり知っていたことには疑いはない。以下基本項目を検討しよう。

「年号」鏡は年代の定点にできるか

日本列島の遺跡、とくに古墳から出土した銅鏡の数はすでに数千面に達していると推定される。そのうちの約一〇面には中国の元号を使った年号が鋳出されていて、それらは年号鏡と呼ばれている。

鋳出というのは、鋳型に刻まれた銘文（金属製の器や道具さらに石造物につけた句や文）および文様が、溶銅を鋳型に流すことによって出来あがったものだから、追刻ではなく銅鏡が作られた時からある。ところで今日知られている日本出土の年号鏡に鋳出された元号は、三国時代の魏と呉のものである。

一昔前は、これらの年号鏡を紀年鏡といって、銅鏡の年代を決めるうえでの基準として重視されていた。それにとどまらず、古墳の年代や卑弥呼をめぐる諸問題を考えるうえでの基準資料として扱われていた。おおむね昭和の時代の末までの時期はそうであった。

大正から昭和の考古学界には、ひとつの風潮があった。絶対年代という言葉があって、年号鏡が特別扱いされていたのである。絶対年代とは相対年代に対する言葉で、年号鏡につけられた年代は疑問の余地のない絶対のものとして扱われていた。

さらに年代について絶対視するだけでなく、それらの銅鏡は鋳出されている元号を使っていた国で製作されたに違いないとする考えももたれていた。

では道具や器につけられた年号とは、本当に年代や製作地を特定できるものだろうか。ぼくはまず自分の生活の身辺から鏡以外の器物で点検をはじめた。

ぼくの若いころ、日本にあるたいていの中華食堂でラーメン類を注文すると、龍の文様で飾った鉢がでてきた。それらの鉢の底部には、「乾隆年製」とか「大清乾隆年製」の句がついているのが普通だった。このことはたかがラーメンの鉢として軽視はできない。ではこれらの鉢は、清の乾隆年間（一七三五―九五）に、しかも中国で作られたものであろうか。どう見てもそれらの鉢は安物で、乾隆年製ではない。

ぼくにとっても幸運だったのは、一九八五年から八六年までの間に毎週自由なテーマで「新・日本史の旅」を『アサヒグラフ』誌上で書くことができたことである。各回のテーマは考古学に限らず、日本史全般に拡げた。

たとえば年号についていえば、「墓碑と西暦」では、長崎県の島原半島にあるキリシタンの墓石に、墓の主の死を「一六一〇年十月五日」と西暦を使って刻んであることに注目し、日本での西暦使用を示す資料として紹介したりした。以上の六〇回分の連載を単行本にしたのが『新・日本史の旅』の西日本篇と東日本篇の二冊（朝日新聞社刊）で、これから述べる「近代工業の遺物」は東日本篇におさめた。

ところで岐阜県の多治見市、土岐市、瑞浪市は、美濃焼とよばれる陶磁器生産の盛んな土地である。瑞浪市に荻《おぎ》の島《しま》窯址があって、明治時代の初年から明治二十二年の間に操業し、その間に近代産業としての電信用に必要な碍子《がいし》をも焼いていた。碍子ばかりを焼いていたのではなく、日常生活用の鉢や茶碗も大量に作っていたが、窯にのこされた失敗品の底部には、大明年製、洪武年製、成化年製、道光年製などの製作年についての句がつけられていた。洪武は十四世紀、成化は十五世紀でどちらも明の時代、道光は清の時代の十九世紀前半のいずれも中国の元号。それらの元号を荻の島の陶工が明治になってから使っていたのである。

ぼくが以上のことを『アサヒグラフ』に書いて間もなく、多治見市にお住まいの現代の陶工から手紙をもらった。それによると、当時のスーパーの開店などで配る安価な陶磁器用にも「乾隆年製」の句を慣習としてつけたとのことであった。

そのころから、勤務先の大学の建物を新築することがつづき、その機会に校地の地下を調査する組織をつくった。大学は禅の名刹《めいさつ》の相国寺《しょうこくじ》の南、京都御所の北にあるのだから、近世には公家屋敷が並んでいた。これらの土地が古代や中世にも、さまざまに利用されていた様子もわかった。

そこからの出土遺物には、近世の陶磁器が多く、そのなかに伊万里焼の茶碗がたくさんある。それらの茶碗の底部には、たいてい「大明年製」の字がつけられていた。それらを集めてみるとすぐに一〇〇点ほどになった。そのなかに本当に明の年代に明の土地で作られた中国の陶磁器があるのかを陶磁器に明るい人に調べてもらったところ、大部分が日本の伊万里の製品であることがわかり、がっかりしたが、なるほどと感じた。

京都市は今日も陶磁器生産が盛んである。五条坂で育った陶工の一人によると、焼物の修業を開始したころ、「大明年製」の習字をやらされたとも聞いた。どうやら「大明年製」とか「乾隆年製」と書くことに、偽物を作るとする意識はなかったようである。ここに年号というものの使用の一面がうかがえ、銅鏡の年号に接する場合の心がまえができた。

「景初三年」銘銅鏡は〝卑弥呼の鏡〟か

和泉黄金塚古墳《いずみこがねづか》(以下古墳は略す)は、大阪湾や海岸平野を見下ろす丘陵の端に築かれた前方後円墳である。

この古墳の後円部が軍隊の掘った散兵濠によって数ヶ所に損傷をうけ、若干の遺物が散乱しているのにぼくが気付いたのは一九四五年の七月だった。ちなみにその翌月に日本は敗戦を味わうことになった。それ以来、この古墳の応急の調査をすること、さらに後円部にある埋葬施設全体の調査を実現させることにまだ学生だったぼくは苦労を重ねた。ぼくの十代後半から二十代前半にかけてのことだった。

本格的調査は、敗戦後の混乱がひとまずおさまり、フィルムなどの物資も少しは世にでるようになった一九五〇年におこなった。そのあとの数年間は、休日を利用して遺物や図面の整理に没頭し、一九五四年には『和泉黄金塚』の題で発掘報告書を刊行することができた。ぼくも執筆者に加わり、発掘時の観察を重視しながら執筆をおえた。

こうして古墳の報告書ができたとはいえ、遺物や出土状態への解釈などは満足のできるものではなかった。そのこともあって、それから五年に一度ぐらいは新しい解釈を追加して発表することがつづいた。発掘報告書は、事実を速報することを主たる目的として刊行されるのだから、その刊行をもって研究が終わるのではなく、生涯にわたっての努力がいる。

このことについては『僕は考古学に鍛えられた』（筑摩書房）というぼくの二十代までの自叙伝にありのままを述べておいた。この本を読みかえしてみても、ぼくは和泉黄金塚への取りくみで鍛えられたと思う。若い頃に取り組んだ和泉黄金塚の発掘がぼくに、実に多くの考える材料を提供してくれたのである。

和泉黄金塚には、六面の銅鏡があった。鏡といえば、すぐ化粧道具だと思うだろうが、これからの説明で明らかにするように、鏡は日本の古代には化粧道具とは別の意味をも生み出していたのだ。

六面の銅鏡のうち、中央槨に二面、東槨に三面、西槨に一面があった。後述するように、この、出土状況を詳しく知るというのが、考古学では特に大切なことなので注意しておいてもらいたい。なお鏡を数える単位は面でいうが、「倭人伝」では枚が使われている。

槨《かく》とは普段使う言葉ではないが、埋葬施設のこと。もっと厳密にいえば棺を覆う（保護する）施設で、和泉黄金塚では粘土が使われ、その意味では粘土槨とよんでもよい。

この場合の木棺は腐り切っていたが、幸い粘土槨だったから棺の大きさや形は復原することができた。さらに木部の一部は残存していて、組織検査によって三棺ともコウヤマキ（高野槇）を使っていたことがわかった。

東槨と西槨では、銅鏡はいずれも棺のなかにあった。ところが中央槨では一面が棺内、もう一面は棺外に埋納されていて、別々の位置に置かれていた。「棺内」と「棺外」、これは古墳時代人がそれぞれの鏡を別扱いにした、あるいは鏡がそれぞれ別の役割をもっていたとみられる。

棺内の銅鏡は死者に副《そ》えたものとして副葬品といってよい。それに対して棺外の槨内にあったというのは、死者を棺に安置し棺の蓋をしめたあと、棺の外側に置き、それから厚い粘土で覆ったということである。時の経過でいえば、棺の蓋をしめたあとではあるが槨のできあがるより前、もちろん封土を盛る前である。さらに棺外では、鏡は鉄の斧や鎌などの道具類と鉄の刀や剣のような武器とともに置かれていた。ちなみに棺内には、鉄製品は一点もなく、銅鏡一面と玉類などしかなかった。

不思議なことがある。棺外にあった銅鏡に、年号が記された。これから説明する「景初三年」銘の鏡だったのだが、景初三年とは前に述べた卑弥呼が魏へ遣使した年である。この年号によって、この鏡は〝卑弥呼の鏡〟として喧伝され、展覧会や書物のうえで大きく扱われるようになった。だがぼくはそのような風潮に身体を置くことはなく、この鏡が本当はどういう位置づけのものなのか、自分が納得できるまで勉強することにした。「景初三年」銘鏡は本当に卑弥呼の鏡、すなわち中国からもたらされた銅鏡なのだろうか。

棺外槨内にあった銅鏡は直径が二三・八センチ、重量は一・五キログラムもある。鏡の縁《ふち》の形状は平縁《ひらぶち》、縁の内側には画文帯《がもんたい》がめぐり、主たる文様（内区）は神仙界を図化した神獣鏡だから、正式によぶとすると景初三年銘の平縁画文帯神獣鏡である。

日本の古墳には前述したように銅鏡は多い。そのなかでもとくに多いのが三角縁《ぶち》神獣鏡で、これも二三センチ前後の大型鏡である。（平縁・三角縁については、七三頁の図参照）

ここで断っておくと、大型鏡は、鏡の本場の中国にはあまり存在していない。とくに日本の古墳だけに埋納されている三角縁神獣鏡は、中国には一面も見つかっていない。今日までに知られていないというのは、もともと無かったか、少なくとも流行の中心にはまったくならなかったのである。

もう一つ注目されることがある。三角縁神獣鏡には、同型鏡とか同笵《どうはん》鏡とよぶものがきわめて多い。同型とか同笵（范でもよい）というのは、同じ型や同じ鋳型で作られた鏡群、要するに大量生産された鏡のことで、日本列島では弥生時代に銅鐸や銅鏡を作ったさいにもすでにこの方法はよくおこなわれていた。

和泉黄金塚の平縁画文帯神獣鏡も、縁の形こそ違うものの、主要な文様は寸分たがわず三角縁神獣鏡のなかに同じものがあって、同型鏡を応用した技術で作られていた。つまり、中国年号はつけているものの、日本にしかなく日本で工夫された技術で作られているというほかない銅鏡なのである。中国から伝来した卑弥呼の鏡であるとはとても考えられない。

銅鏡の銘文に対する心がまえ

三角縁神獣鏡は出土した古墳がわかるものだけでも約四〇〇面があって、そのうちの約

和泉黄金塚古墳の中央槨の棺外にあった景初三年銘の平縁神獣鏡の拓本

三〇〇面には漢字による銘文が鋳出されており、ほとんどの銘文は、主要な文様のある内区と外側の縁との間にある銘帯に配されている。

これにたいして和泉黄金塚の中央棺の外（槨内）にあった平縁神獣鏡は、内区の外側と縁との間に半円形文と方格文を交互に配し、その方格文に一字ずつ、計一四字を鋳出している（上図参照）。これらの銘文の漢字はいずれも判読できるが、全体で一つの文になっているかどうかに疑問がある。一四字の銘文とは次の通りである。

景初三年陳是作詻詻之保子宜孫

「陳是」は陳氏とあることが多く、普通は陳氏作鏡となる。また、ここでは「鏡」とあるべき文字が「詻」となっている。これは後にいうように、長い文章を一四字にする時に間違ったのか、少なくとも乱雑におこなっている。

ところで銅鏡の銘文に接する時、読めるような漢字があるだけで中国鏡と思いこんだ人たちも意外と多かった（中国鏡を一昔前までは支那鏡とか舶載鏡といったこともあった）。そのような思い込みによる断定は、三角縁神獣鏡を盛んに古墳に埋納していた四世紀には日本列島はまだ漢字の知られていない無文字社会だった、という思い込みから生まれる先入観にすぎないのである。

先に引用したように「倭人伝」には、魏の天子が倭の女王におくった詔書が原文で掲載されている。格調の高い漢文だが、これをみても当時の倭は漢字が通じるとみなされていたと考えられる。弥生時代や古墳時代を無文字社会だと想定する人は考古学者にも多いけれども、同じ思い込みが古代史や古文字の研究者のなかにもみられることは奇妙である。

また、銘文のなかの字や文章に誤りがあると、中国の工人の作ったものではなく、倭の工人が模作した仿製鏡《ぼうせいきょう》とみられたこともあった。方法的には正しいようではあるが、中国の古墓についての学術的な調査が進み、確実な中国鏡のことがよくわかるようになると、中国鏡のなかにも字や文の間違いのあることがわかりだし、その判定も間違っていたことがわかった。

ところで、共著である『和泉黄金塚古墳』の発行は、京都の綜芸舎《しゅげいしゃ》が担当した。綜芸舎の舎主は東洋史に明るい藪田嘉一郎氏で、一九四九年には『日本上代金石叢考』を出しておられた。綜芸舎との連絡は、京都に縁のあったぼくが当り、入稿や校正を進めることになり、藪田さんとお会いする機会が増え、中国の関係史料を拝見したこともあった。

藪田さんは、景初三年銘の鏡を中国鏡とすることに疑問をもっておられた。そうは感じたものの、そのころのぼくには理解する力はまだなかった。藪田さんはかなり後になって「和泉黄金塚出土魏景初三年銘鏡考」を『日本上古史研究』(一九五二年)に発表され、自説を披露された。要旨は、和泉黄金塚出土の鏡は中国鏡まして魏鏡ではなく、〝歴史的に由緒のある年号を使って後になって河内地方の支配者が日本で作った〟と考えられた。鏡が作られた時代は、仁徳のころと説明されていたと記憶している。

この藪田説は、「景初三年」の年号があるだけで本場の中国鏡だとして一抹の疑問も感じない人々が大勢を占めていた当時は、さしたる反応はなかった。だが、一九七八年になって『大阪府史』(第一巻、古代篇1)でぼくが「景初三年をめぐる問題」のなかで〝十分検討すべき説〟として解説した。このころには、後に述べるように和泉黄金塚を含む前期古墳そのものの年代を四世紀にまで下げて考えることが考古学界の主流になりだしたことからも、ぼくは藪田説に賛成するようになったのである。

こうしたことから、和泉黄金塚出土の平縁神獣鏡を「景初三年鏡」とはぼくは呼ばない。その言葉でいうと、読む人に〝景初三年に作られた鏡〟という印象をあたえるからである。といっても、景初三年の銘があるのは事実だから、「景初三年銘の鏡」には違いない。このように、研究を進めるためには、慎重すぎるようにみえても、自分の頭にも余分の影響を少なくする配慮が必要である。

和泉黄金塚の発掘当時、学界に知られていた日本の古墳出土の年号鏡は次の四面だった。

赤烏元年銘の平縁神獣鏡（山梨県鳥居原古墳）

正始元年銘の三角縁神獣鏡（兵庫県森尾古墳と群馬県蟹沢古墳）二面

赤烏七年銘の平縁神獣鏡（兵庫県安倉古墳）

これらの古墳では、残念ながらいずれも年号鏡の出土状況は不明である。先述したように出土状況は研究を進めるうえでの最重要の視点である。いずれにしても、和泉黄金塚の景初三年銘鏡が出土状況のわかる最初の年号鏡になった。これで使える年号鏡は五面になった。

それらの五面の年号鏡に鋳出された元号を西暦に換算すると次のようになる。これは製作年を示すこともあれば、示さない時もある。

二三八年（赤烏元年）、二三九年（景初三年）、二四〇年（正始元年）、二四四年（赤烏七年）

重要なことは、それらが七年間の短期に集中していることである。なおこれら五面のうちの二面は呉鏡である。これらは中国鏡のなかにも仲間の多い中型鏡。これにたいして三面の「景初」や「正始」銘のある鏡は、すでに述べたように中国鏡には稀な大型鏡である。ところが次に述べるように、日本の古墳でも出土状況のわかる年号鏡が次々に知られるようになり、研究は徐々に進むことになる。

神原神社古墳の「景初三年」銘鏡

一九七一年に島根県大原郡加茂町（現雲南市）にある神原《かんばら》神社古墳で景初三年銘の三角縁神獣鏡が発掘された。この鏡には「景初三年陳是作鏡」ではじまる四一字からなる銘文がある。ぼくは発掘直後に、神原神社古墳の竪穴《たてあな》式石室と鏡を見ることができた。さらにこの鏡への細かい観察が進むにつれ、和泉黄金塚の景初三年銘鏡の内区の神獣文と同じ、つまり同型鏡の仲間であることもわかってきた。

銘文についても「景初三年陳是作」の最初の個所と「詺之保子宜孫」の部分が和泉黄金塚の年号鏡と同じであった。同じ年号の鏡とはいえ和泉黄金塚のほうが銘文に省略のあることもわかりだした。とはいえ神原神社古墳の鏡の銘文のうちの四字が欠失していたため、両者の比較はなお充分ではなかった。とりあえずぼくは『大阪府史』のなかで二つの古墳出土の「景初三年」銘鏡の銘文に共通するところがあることを指摘し、比較はしておいた。

この古墳の名称は神原神社古墳である。というのは神原神社はもと斐伊川の支流赤川の流れに接した堤防の上に鎮座していた。ところが赤川が氾濫したので川幅をひろげることになり、堤防の位置を移すことになった。そのため神社も移築されることになった。それにともなって本殿の下にある古墳が調査されたのである。古墳の石室の上に神社の本殿があるのは珍しく、古墳を祀った神社のようにぼくは感じた。

『出雲国風土記』の大原郡神原郷の条には「天下を造らしし大神の御財《みたから》を積み置き給う処なり」との記載があり、さらに神財が変化して神原になったとする伝説を記している。断定はできないが、神原神社古墳の出土品はその伝説にかかわるものである可能性がある。なお「天下造らしし大神」とは、大穴持命（大国主）のことである。

「日本の古代」シリーズで『島根』を担当した前島己基氏はこの鏡について、〝難升米が将来した鏡〟の可能性はのこしながらも、神原神社古墳の年代を四世紀後半としている。つまりこの例でも景初三年が意味する二三九年と古墳の年代とは百年あまり食い違うのである。

「景初四年」銘鏡――完全な銘文――の発見

ところが一九八六年にぼくにとっても予想しなかった事態がおこった。京都府福知山市にあった広峯一五号墳（小型の前方後円墳）で「景初四年」銘の斜縁盤龍鏡が出土したのである。

斜縁とは平縁よりも縁は立ちあがっているが、三角縁ほどきつくはない縁をいう言葉で、半三角縁ということもある（次頁図参照）。この鏡には三五字からなる次のような銘文があって、一字ずつが大きく、そのために判読が容易である。

景初四年五月丙午之日　陳是作鏡　吏人詺之位至三公　母人詺之保子宜孫　寿如金石兮　（区切りは句のきれめを示すため、便宜上つけた）

この銘文では、鏡を持つ（身につける）ことの効能を男女に分けて述べている。吏人（役人）が持つと立身出世ができ、母人（母親）が持つと子孫に恵まれる、とのことである。この銘文によって今までに知られていた景初三年や正始元年の三角縁神獣鏡の銘文を補うことができた。

ちなみに確実に中国で出土した鏡の銘文では、鏡を持つことの効能が男子についてだけ

三角縁（上）と平縁（下）

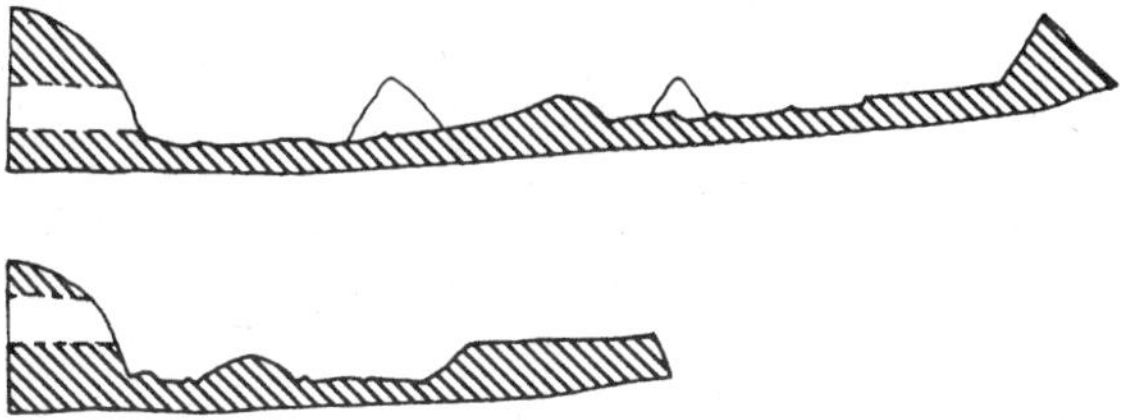

（銅鏡の断面、鈕から縁を示す。）

述べられていて、男と女に分けてそれぞれの効能を述べた例は珍しい。ぼくは前に「古代の女性を考える視点」（『考古学と古代日本』に所収）のなかで、呉の永安四年鏡の銘文の一部を紹介した。これには「服者高官位至三公　女宜夫人子孫満堂」とある。〝これを身におびる人は高官となり位は三公に至る。女は夫人によろしく子孫は堂に満つるほど多くなるように〟との願いであろう。ここで、呉の永安四年は二六年であることと、鏡の出土地は不明であることを参考として述べておく。

こうして広峯一五号墳の景初四年銘鏡の銘文によって、神原神社古墳出土の景初三年銘鏡の銘文の欠失部分を補うことができるようになり、和泉黄金塚出土の景初三年銘鏡の銘文とは、景初三年銘の三角縁神獣鏡や景初四年銘の斜縁盤龍鏡の銘文を省略したものであることが明らかになった。注目されるのは、男にたいする効能部分はすべて省略し、女にたいしての「保子宜孫」だけをいっていることである。

和泉黄金塚の中央棺には女が葬られていたとぼくは昔から考えている（ここでは根拠は略す）が、そのこととこの銘文は関係がありそうである。本来ならその銘文は「景初三年陳是作鏡詺之保子宜孫」とすべきところを鏡の字と詺の字を間違っていることは前に述べた。これは鏡作りの工人が文章を理解できなかったとみるより、仕事が大雑把か大急ぎでおこなわれたというべきであろう。

ところで景初は三年までで、四年は正始元年になっているし、日本ではすでに三面の正始元年銘鏡が知られている。三面というのはその後の東京国立博物館（当時）の西田守夫氏の研究によって、山口県の御家老屋敷古墳出土の三角縁神獣鏡の銘文についても正始元年銘があると補訂されたから一面ふえたのである。

鏡の製作にさいして工人が「景初四年」としたのは、その年より前に作っておいたからとか中国の辺境で作られたため元号がかわったことを知らなかったとか、いろいろの解釈はあるが、これらは中国鏡を前提にしたときに生れる解釈である。ぼくは景初四年と記されていることを素直に直視して日本文化の実態を探る際の手がかりにしたい。

「青龍三年」銘の方格規矩鏡――舶載か仿製か

近年、日本の古墳出土の年号鏡に新しい鏡式があることがわかりだし、鏡に記されている年号の問題が新しい段階にはいりかけた。

一九九三年に京都府竹野郡弥栄町と中郡峰山町（現京丹後市）の町境となっている小高い山の尾根に築かれた大田南五号墳の組合せ式箱形石棺から中型の平縁方格規矩四神鏡（以下は方格規矩鏡とする）が出土した。古墳とはいえ盛土がほとんどない小型の方墳である。

鏡には「青龍三年顔氏作竟（鏡）」ではじまる三九字からなる銘文があった。「青龍三年」は魏の年号で二三五年、今までに知られていた日本の年号鏡のなかではもっとも古い。

鏡について書くより前に、この古墳のある丹後という土地の説明からはじめよう。

この古墳の所在地は京都府ではあるが、日本海地域の、もとは丹後国である。ここで注意すべきことがある。丹後国は七一三年に丹波国から分かれてできた。丹後ではあるが、分離後にも丹波郡丹波郷はこの古墳の近くにのこった。ややこしいが、丹波の地名は丹波のなかにはなく、分離後の丹後にありつづけるのである。古墳のことを調べようとすれば、まず所在地の歴史から調べる必要がある。地名も重要な研究材料になることはいうまでもない。

方格規矩鏡とは、鏡の中心にある鈕《ちゅう》をめぐって方格文があるものをさし（次頁図および

青龍三年銘の方格規矩四神鏡

（京都府京丹後市大田南５号墳出土。同古墳の現説資料による。）

七九頁図参照）、方格規矩四神鏡の場合、その外側の内区には青龍、白虎、朱雀、玄武の四神を配している。これらの想像上の動物はそれぞれ東西南北の方角を象徴するし、青、白、朱、玄（暗）の四色で四季を表すこともできる。

内区には方格にくっつくようにして四個のT字形があり、内区の外周の圏にくっつくようにしてL字形とV字形をそれぞれ上下をさかさにして配している。この三つの文様は定規（T定規）と曲尺《かねじゃく》とコンパスである。

なお、この青龍三年銘鏡が出土するまでは、このL字形の横方向の線が右向きか左向きかというのが、舶載鏡と仿製鏡を分ける一つの基準にされていた（例えば樋口隆康氏の『古鏡』二九六頁）。右向きなら舶載鏡、左向きなら仿製鏡というのである。

ここでこの、青龍三年銘鏡のL字形は、左向きである。だから青龍三年銘がもしなかったら、この鏡は仿製と判定されていただろう。この鏡は「年号があるから」という理由で、舶載鏡と考えられているが、ぼくは今でも仿製の可能性はつよいとみている。このように、年号のある鏡はすべて舶載鏡とする見方がいぜんとして根強いのである。

なお銘文は内区の外側に銘帯となってついている。

方格規矩鏡は一昔前にはTLV鏡とよばれていた。名称のよしあしはともかくとして、この命名は、規矩の文様がこの種の鏡にとって重要な意味をもつことを物語っている。方格規矩四神鏡は、方格も四神も規矩も、方角についての信仰にまつわり、それに関する文様のある鏡である。

方格規矩鏡の縁は平縁である。古墳時代前期に大流行する三角縁神獣鏡よりも早く出現する。中国では後漢時代からあらわれ、日本列島でも弥生時代後期になると北部九州の伊都国の代々の王たちが古墳に副葬しだしている。伊都国は「倭人伝」に伊都国としていて女王国の都であった可能性もある。現在の福岡県前原市とその周辺の地である。

伊都国の方格規矩鏡

福岡県前原市では、井原鑓溝《やりみぞ》古墳と平原古墳で多数の方格規矩鏡が出土している。井原鑓溝では天明年間（一七八一～八九）に甕棺に副葬された二一面の方格規矩鏡が出土した。

られている。

それを福岡藩士としてよりも学者として知られている青柳種信が『柳園古器略考』に記録したおかげで現在でも基本資料とすることができる。これらの鏡は中国からの輸入品とみられている。

一方、平原古墓は一九六五年に故原田大六氏が畠の開墾中に緊急調査をおこなった。この古墓は方形周溝墓のなかにおさめた木棺に死者を葬っていた。中には四〇面(以上)の銅鏡があって、そのうちの三二面が方格規矩鏡であり、それには九面の陶氏作鏡が含まれている。陶氏は中国出土の鏡に記された工人名の中には知られていない。このほか漢の工房の尚方《しょうほう》で作ったことを示す尚方作銘の方格規矩鏡もあった(左図参照)。

平原古墓の方格規矩鏡は、発掘後しばらくは中国鏡とみなされていた。だがその後、遺物の再整理をおこなった柳田康雄氏らの研究によって仿製説がだされた(『平原遺跡』)。というのは、四神などの図文に省略のあることや陶氏が中国の工人名に見出せないことなどによって提唱されたのである。さらに平原古墓の方格規矩鏡のなかに、六組一四面の同型鏡のあることも明らかとなった。

それまでは、同型鏡は古墳時代になってから盛んにおこなわれるようになると考えられていたが、このことから三角縁神獣鏡の出現以前にすでに先行技術があったことが明らかになった。先述したように方格規矩鏡の出現は三角縁神獣鏡よりも早いからである。また、

平原古墓出土の「尚方作竟」銘のある方格規矩四神鏡

（『平原遺跡』前原市文化財調査報告書、70集）

平原古墓の鏡群のなかには直径四六・五センチの超大型の内行花文鏡が五面あって、それらも同型鏡であり、さらに鈕座の形、内区の内行花の文様、製作技術などから仿製鏡であることが明白とされていたからである。

それればかりか原田氏は記紀神話のなかであらわれる八咫鏡《やたのかがみ》と共通する点の多いことに気づき、ぼくも自分なりにそのことを整理してその考えに賛同した(『日本神話の考古学』に所収した「三種の神器」の項)。

「方格規矩鏡」を考える

方格規矩鏡は、以上のように弥生時代後期に伊都国で盛んに保持された。さらに伊都国で製作された気配が強い。方格規矩鏡は古墳時代前期にも前方後円墳などに副葬あるいは埋納されることも多く、その風習が北部九州から近畿へとつづいていくことがわかる。そこで近畿地方での出土状況のわかる一例を大阪府茨木市の紫金山《しきんざん》古墳で紹介しよう。

この古墳は前方後円墳で、後円部にある竪穴式石室のなかに木棺があって一二面の銅鏡が出土した。出土位置をみると棺内には方格規矩鏡が一面あって、のこりの一一面の鏡は棺外の石室内にあった。この出土位置はすでに述べた和泉黄金塚中央棺の景初三年銘鏡があった位置と同じである。一一面のなかの一面は縁に勾玉文を鋳出した仿製の神獣鏡で、のこり一〇面が三角縁神獣鏡である。これらの棺外の銅鏡群は化粧道具とするよりも死者を守る呪具の性格だったと考える。このように方格規矩鏡は、古墳時代前期にもなお副葬された。

一九九七年には「青龍三年銘」の方格規矩鏡がまたも出土した。大阪府高槻市の安満《あま》宮山古墳で、弥生時代の集落や墓地からなる安満遺跡のある平地から見上げる山の尾根上にある。立地や墓のつくり方が大田南五号墳とよく似ていて、山の尾根地形を利用して墓をこしらえていて、盛土の流出を考えても小型の方墳である。方墳の中央には木棺（痕跡）が検出され、その上部には、磐手杜《いわてもり》神社（もと安満《あま》神社）の磐座《いわざ》かと推察される石囲いがあった。これは神原神社古墳での古墳と社殿との関係との類似が想起される。

銅鏡は五面あって、そのうちの一面が「青龍三年顏氏作竟」以下の銘文のある方格規矩鏡で、L字形も左向きで大田南五号墳の鏡と同型と判定された。同型鏡の製作にあたっての前後を考えると、鋳出の鮮明さから安満宮山古墳の鏡のほうが先に鋳造されたとみられている。

「青龍三年」の国際情勢

　ここで一つ問題がでてきた。「景初」と「正始」の元号のある年号は「倭人伝」や『紀』にも掲載されている元号で、後世にまで語りつがれたとしてもおかしくはない歴史的由緒があった。しかし魏の年号の「青龍三年」の二三五年には、倭人や倭国との関係を語る中国史料は見出せない。とはいえ当時の国際関係には見逃せないものがある。

　三世紀前半は三国時代といわれるが、北東アジアに重点をおくと四国時代という見方さえ成り立つ。とくに青龍三年とその前後は、倭国は魏との外交関係はもつことができない情勢があった。というのは遼東半島を中心に朝鮮半島にかけて公孫氏《こうそんし》の勢力が魏から独立し、最後のころには燕《えん》という国名をなのっていた。この関係が公孫氏勢力が滅亡する景初年間までつづき、約五〇年間におよんだ。建安年間（一九六―二二〇）には公孫康が朝鮮半島の西海岸に帯方郡をつくって、韓や日本海に面した濊《わい》を打ち、それ以後は韓や倭との外交や貿易は帯方郡（直接には太守などの吏人）がおこなうことになった。

　蛇足ながら「倭人伝」にでていた魏の出先機関としての帯方郡と倭国との関係は、以上の公孫氏時代の慣習をうけついだものであるし、景初三年に倭国が魏に使節をだしたのも、公孫氏勢力滅亡の翌年にあたることが重視される。このように都のあった土地を中心にして史料を読むのではなく、史料のとぼしい辺境とみられやすい地にもコンパスの軸をおき直して考えてみるという視点が大切である。

以上で述べたようにわれわれは日本出土の一〇面の中国の元号をつけた年号鏡を知るようになった。

赤烏元年銘の平縁神獣鏡（山梨県鳥居原古墳）

正始元年銘の三角縁神獣鏡（兵庫県森尾古墳と群馬県蟹沢古墳）（山口県御家老屋敷古墳）三面

赤烏七年銘の平縁神獣鏡（兵庫県安倉古墳）

★景初三年銘の平縁神獣鏡（大阪府和泉黄金塚古墳）

★景初三年銘の三角縁神獣鏡（島根県神原神社古墳）

★景初四年銘の斜縁盤龍鏡（京都府広峯一五号墳）

★青龍三年銘の平縁方格規矩四神鏡（京都府大田南五号墳）（大阪府安満宮山古墳）二面

このほか出土地不明の「景初四年銘鏡」が別に一面知られているけれども、ここでは出土地のわかるものだけに絞った。

このうち★印の五面は出土状況のわかる例だが、これらの年号鏡が発見された古墳の年代はいずれも鏡の年号が示す年代より一〇〇年前後は新しい。このことはいずれ述べる奈良県東大寺山古墳出土の「中平」銘のある鉄刀についてもいえる。中平は、後漢末の年号で一八四年から一八九年までつづいた。この点をどのように解釈するのか、ぼくなりの仮説はともかくとしてなお問題はのこる。

いずれにしても、魏や呉の、元号による年代の呼び方を日本で知った時期はかなり早くからだったことがわかるし、それを国産の鏡にも記すことがあったのである。

ぼくは別の機会に、弥生時代や古墳時代には、鏡を服（所持）する人が、銘文を諳《そら》んじて口にだして唱えていたのではないかという考えを述べたことがある（「日本の文字文化を銅鏡にさぐる」、『考古学と古代日本』所収）。このような中国の元号を知っていた前史が、後述する日本での元号制定となったとみるのである。

3　諸所に刻まれた年号

年号を記した器物は一昔前までは絶対年代を示す資料として考古学では特別扱いをされたことがあって、古代史でも重要な役割を果たしてきた。だがすでに日本の古墳出土の年号を記した銅鏡でみたように、それらの年号もそれらの年号をつけた器物の製作年であると速断するには問題のある例があった。以下に扱う刀剣、銅鏡、石碑はいずれも考古学や古代史では年代を割り出すさいの定点としての基礎資料とされてきたし、重要資料であることは間違いないが、それぞれの問題点を知っておくことが必要であろう。

刀剣に刻まれた年号

年号を記した器物には銅鏡のほかに鉄製の刀剣がある。刀や剣は火で熱した鉄塊から鍛えあげ、さらに磨いて完成させる。それから鋭い道具（タガネ）を使い線と点によって文字の形を刻み、その溝や穴へ金銀銅いずれかの針金を切って嵌《は》めこむ。これを小槌で伸ばすと銘文ができる。この技法が象嵌《ぞうがん》である。

日本の古墳からは金象嵌銘のある刀や剣、銀象嵌銘のある刀、銅象嵌のある刀など数例が知られていて、そのうち四例に年号が刻まれている。それらの銘文は、厳密にいえば刀身や剣身ができたあとでの追刻だが、刀や剣の鍛造のあと間もなく刻まれたと推定される。

東大寺山古墳の刀の「中平□年」銘

奈良県天理市の丘陵端に東大寺山古墳と名付けられた前方後円墳がある。近くに和爾《わに》下《しも(た)》神社が鎮座し、豪族の和爾氏のいた土地として注目されている。

この古墳の後円部は戦後に乱掘され、一九六一年と六六年に調査がおこなわれた。それによって木棺をおさめた大きな粘土槨があらわれ、幸い刀や剣などはもとの位置、つまり棺外槨内の位置で発掘された。それらの遺物を整理しているさいに金象嵌による文字の銘文が見出された。銘文は「中平□年五月丙午造作」に始まる二四字からなっていた。

中平は後漢末の元号で、一八四年から一八九年までつづいた。中平年間は後漢の政府に衰えのきざしがあって混乱がつづいたが、「倭人伝」にも〝倭国に乱があって、長年相攻伐した（互いに攻めあった）〟と書かれている。中平はこの倭国の乱の最中もしくは直後に当っている。

中平は二世紀末の元号ではあるが、東大寺山古墳の年代は四世紀後半であり、ここでも和泉黄金塚でみられるような景初三年と古墳の年代とのあいだにあった隔たりがみられる。東大寺山古墳の相対年代を出す根拠は、粘土槨や多数の石製品にくわえ、刀のなかに和風の意匠で作られた環頭（把頭）が着装されていることも重要な根拠であった。

ところで中平年造作の刀はいつごろ日本列島へもたらされたのであろうか。二世紀末にはすでにヤマトにあったのか、それとも伊都国などの北部九州にまず将来され、その後に移動したのかとかさまざまに想像されるが、今のところ考えを絞る材料はない。ぼくはすでに述べた方格規矩鏡や超大型の内行花文鏡などの動向から、後者の可能性を考えている。

埼玉稲荷山古墳の剣の銘文

埼玉県行田市にある埼玉《さきたま》古墳群に稲荷山という前方後円墳がある。稲荷山の名をもつ古墳は各地にあるので、それぞれを区別するため所在地の地名をつけて埼玉稲荷山古墳の名称が使われている。

この古墳の後円部は一九六八年に調査され、二つの埋葬が見つかった。第一主体部は礫槨で鏡や馬具などの多数の副葬品があって、これから述べる銘文を刻んだ鉄剣もここにあった。ただし剣に金象嵌による銘文のあることがわかったのは発掘にさいしてではなく、後日の錆どめの処理中であった。剣表面の錆が除かれると、剣の両面に一一五字からなる長い銘文があり、古代史研究の衝撃的な資料となったのである。

その銘文には、漢字の音によって人名や地名が表現され、漢字が使われているとはいえ日本化が強くうかがえる文になっていた。つまり漢字を使っているとはいえ、中国人が見ても文としては読みにくいものである。日本列島内で作られたことは明らかだし、日本以外で生まれ育った渡来人が作文したとする疑いもぼくはほとんどないとみている。

時を示す言葉は二ヶ所にあった。まず冒頭は「辛亥年七月中記」で始まり、干支で年をあらわしている。もう一つは銘文中の「獲加多支鹵大王寺在斯鬼宮時」である。この獲には草冠は略されていた。誤字というより、鏡を竟とするような減筆の習慣によっているとみてよい。それはともかくとして「ワカタケル大王（の）寺（役所か）シキ宮に在《あ》った時」と判読され、すでに述べた天皇の居住地で時をあらわした例である。ワカタケル大王とは雄略天皇のことで鹵の呉音はルである。シキ宮はヤマトの磯城の地名に関係があるとみられている。シキは律令制の郡名であり、志紀、志貴、師木などさまざまに表記され、一字としては式と書かれた。

辛亥年は六〇年ごとに巡ってくる。いつに想定するかについては四七一年説と五三一年説がある。ぼくは副葬品の組合せでは五三一年も可能とみているが、剣の作られたのはそれより前の四七一年でもおかしくはない。いずれにしても、辛亥年を四七一年とみて、古墳の年代までも遡らせるのは方法上はおかしい。なお銘文中に弖《て》の字が二ヶ所で使われている。弖は日本では数世紀にわたって盛んに使われ、『万葉集』にうかがえるように八世紀には大流行していた。鴨緑江右岸の集安にある高句麗の好太王（広開土王）碑の銘文にもあらわれ、埼玉稲荷山古墳での使用例はそれに次ぐ年代のものである。

江田船山古墳の刀の銘文

熊本県玉名郡菊水町（現和水《なごみ》町）にある江田船山古墳は古墳時代後期初頭の前方後円墳である。この後円部が一八七三年に発掘され、横口式石棺から金銅製の冠、沓《くつ》、耳飾、帯金具など朝鮮半島系の副葬品がまとまって出土した。さらに鉄刀の峰（背）には銀象嵌で「治天下□□□□歯大王世」の句にはじまる七五字からなる銘文が判読された。このなかの「□□□□歯大王」を〝復《タジヒ》宮で天下を治めた瑞歯大王〟とみて反正天皇のことだと長らく比定されてきた。江田船山古墳出土の刀が反正天皇のときに作られたという説は、高等学校の日本史教科書にも記されていて、日本史を知るうえでの基礎知識としてずっと扱われていた。

だが、埼玉稲荷山古墳の剣の銘文中に「獲加多支鹵大王」が刻まれていることが知られだすと、江田船山古墳の刀の銘文が再検討されることになり、「獲□□□鹵大王」と読んだほうがよいと修正された。つまり、反正天皇ではなく、雄略天皇の時代のものだとされたのである。このことは、定説といわれていたことでも根拠の脆弱な場合のあることを物語っている。

この銘文の最後には「作刀者名伊太加《?》書者張安也」と記されており、作刀者は倭人と推定されても、銘文を作った書者は渡来人だとみることができる。

埼玉稲荷山古墳の剣と江田船山古墳の刀は同じワカタケル大王のころのものとはいえ、埼玉稲荷山古墳の剣の銘文のほうが和風の度合いは強いとぼくはみていて、製作地は別だろうと推定される。

関東の文字文化——上野《こうずけ》三碑の年号と銘文

関東には年号と人名を記した七世紀から八世紀の石碑が四例あり、この銘文から関東の文字文化の高さの一端がわかる。四例とは、群馬県の上野三碑と栃木県の那須国造碑である。

那須国造碑の銘文

四つの碑のうち、中国唐の「永昌元年」の年号を記しているのが那須国造碑である。ただし永昌元年（六八九）の年号は碑の建立の年（七〇〇）よりも前である。これについては後に述べる。また、那須国造碑の発見の経緯や碑文の解読の歴史も重要だが、ここでは略す。

この那須国造碑は、栃木県那須郡湯津上村（現大田原市）の笠石《かさいし》神社にあって、神社の御神体になっている。「笠石」の名も碑の上部にのせてある屋根としての笠をもつ石碑からつけられたのである。本来この石碑の立っていた地点はわからないが、この神社からそう遠くはないと推定される。

八行一五二字からなる碑文は「永昌元年己丑四月」で始まっている。永昌元年は唐の則天武后（女帝）の年号で、西暦の六八九年、日本では持統天皇の三年（厳密には即位の前年、称制三年）にあたり干支は己丑である。

六八九年には日本に元号がなかったので、唐の年号を使ったと短絡的に考える人も多いが、碑文の後半には随所に唐の新しい思想が引用されていて、下野《しもつけ》での唐文化の摂取の早さと高さにぼくは注目している。この場合の唐文化とは、物品ではなく学問に重点があったと推察され、唐の元号使用もその一例であろう。

このことに関してぼくは、大宝律令制定の中心に参画した人のなかに下野出身の下毛野朝臣古麻呂《こまろ》がいたことを述べたことがある（『関東学をひらく』）。おそらくこれは、下野にみられる文字文化の高さと無関係ではないのである。

碑文によると、那須国造であった那須直韋提が康（庚）子年正月二壬子日辰節に殄《みまか》った（死のこと）ので、意斯麻呂らが碑を立てて、銘を記して偲んだとある。庚子年とは持統の孫の文武天皇四年（七〇〇）に当り、碑の建立された年を示している。『喪葬令《そうそうりょう》』によると「墓には皆碑を立てよ。具《つぶさ》に官姓名の墓と記せ」と規定されていて、このような習慣の古い例とみてよかろう。

那須国造碑には時をあらわす言葉がさらにある。冒頭の「永昌元年己丑四月」は「飛鳥浄御原大宮」にいた持統の時にあたるが、この年、「那須国造追大壱（冠位十二階の位階）の那須直韋提が評督《こおりのかみ》を賜った」とある。国造は氏（ここでは地名をつけた那須氏）にあたえられていた官職名でもあり姓のように使われていたが、その彼が、六八九年に評（郡の古い表記）の督（守）に任命されたというのである。この場合の「評」は那須郡のことで、つまり国造を郡の督（のちの郡司）に任命し直したのだ。飛鳥浄御原大宮は天武の宮だが、天武の死後に持統が藤原京へ移るまで居住していた。

上野三碑の銘文

次に上野《こうずけ》三碑の年号の使用をみよう。

〈山ノ上碑〉

群馬県高崎市山名町の山の頂上近くに山ノ上古墳があり、その古墳の前に立つ碑が山ノ上碑である。先に述べたように、律令制では墓に碑を立てることが定められているが、山ノ上碑は、ほぼ原位置に碑が立っていて古墳との関係がわかる唯一の例である。

山ノ上古墳は横穴式石室のある円墳ではあるが、古墳時代後期のものではなく終末期の古墳で、この違いは大きい。つまり古墳時代後期には、横穴式石室のある円墳は沢山あるが、終末期には造営された古墳の数が激減している。この傾向は西日本で強くあらわれているが、群馬もその例外ではない。

山ノ上碑には笠石はなく自然の石柱を加工している。碑文は四行五三字からなり、最初の一行に「辛己歳集月三日記」とある。辛己は辛巳の誤り、集月は十月のこと、それに当るのは天武天皇十年（六八一）とみるのが通説である。なお文末の「集月三日記」とある文の結び方は、埼玉稲荷山古墳鉄剣銘文の「辛亥年七月中記」の結び方と類似している。

ことによると関東の作文のくせであろうか。
銘文の二行めからあとは、墓の主（古墳の被葬者）とみられる黒売刀自《くろめのとじ》と児の長利僧《ちょうりのそう》との出自を述べている。注目されるのはまず母の出自から説明し、三行目に父の大児臣《おおごのおみ》の出自を述べている。大児臣に（黒売刀自が）娶《めあい》て生める児が長利僧で〝母のために記し定めた文也〟で結んでいる。さらに「放光寺僧」の四字があるのは長利僧の説明であろう。長利僧については別の放光寺の僧が銘文を作ったとみる説もあるが、碑文中に〝長利僧が母のために記し定めた文なり〟と書かれているのでやはり長利が放光寺の僧であろう。
ところで文末の放光寺は山ノ上古墳の麓にあった小さな寺かと考えられていた時もあるが、前橋市の山王廃寺から「放光寺」の文字をヘラ書した瓦が相次いで発掘されるに及んで、「山王廃寺」として古くから知られていた伽藍跡が放光寺であることがわかった。国分寺創建以前からある寺で、このことが判明してから黒売刀自や長利僧についての認識も深まってきた。

〈多胡碑〉

群馬県多野郡吉井町（現高崎市吉井町池）に多胡碑がある。笠石を具えた角柱の石碑で端正な形をしている。この石碑は、新羅の石碑、たとえば真興王巡狩碑《じゅんしゅひ》などの新羅の石碑との類似がいわれている。それもそのはずで、七六六年五月には上野国の新羅人子午足《うまたり》ら一九三人に吉井連の氏名と姓があたえられている（『続日本紀』）。

石碑の所在地の吉井町の地名は、吉井連の氏名からついているし、所在地としての多野郡は一八九六年に多胡郡と緑野《みどの》郡を合併するときに造作された郡名であり、もとは渡来人が多いという意味の多胡郡であった。

この石碑は和銅四年三月九日甲寅に上野国の片岡郡、緑野郡、甘良《から》郡のうちの三〇〇戸を「羊に給わって」多胡郡としたという建郡の宣言碑である。力強い文である。その宣言文を保証するように、太政官の穂積親王ら四人の名と官位や職名を記している。なお「羊」については郡設立を進めた有力者の名とみられるが、さまざまの説があって定説はまだみない。

〈金井沢碑〉

金井沢碑も高崎市山名町にある。

多胡碑には片岡・緑野・甘良、三つの郡の三〇〇戸で新たに多胡郡をつくったことを記していたが、郡の下の郷名は書かれていない。ところが多胡郡の設置についての記事は『続日本紀』にもでていて、そこでは六ケ所の郷名も記している。その一つが元片岡郡の山等郷である。つまり和銅四年（七一一）以後の山等郷は多胡郡にあったのである。

正倉院に伝わっている天平ごろの屛風袋に付けられた墨書札に「上野国多胡郡山那郷戸主秦人（この下に数字アリ）高麿庸布壱段　長二丈八尺　広二尺四寸」の文字があって、この布は庸として出されたことがわかる。この墨書札にある「山那郷」はその土地で記された同時代史料であり、それにある「山那」こそ今日の山名町であろう。山ノ上碑も金井沢碑も今日の山名町にあるので、上野三碑はいずれも多胡郡内にあったことになり、多胡三碑でもよいとぼくは考えている。

さて、この金井沢碑は自然石を用い、九行一一二字が刻まれていて、八行が本文、最後の行に「神亀三年丙寅二月廿九日」と建立の年月日を記している。

本文は漢字を使っているが、若干のテニヲハを補うと意味がわかる。〝上野国群馬郡下《しも》賛《さぬ》郷高田里の三家《みやけ》の子孫が七世の父母や現在の父母のために、現在家に侍る刀自や池田君目頰《めづら》刀自や児の加那刀自や孫の物部君午足、次に馸《ひづめ》刀自、次に乙馸《おとひづめの》刀自の合わせて六口（人）、また知識を結べる三家の毛人《えみし》や次に知万呂と鍛師礒部君身麻呂の三口がこのように知識を結んで天地に誓い願い仕え奉った石文〟。

馸は普通は〝蹄〟を使う。珍しい字であるが、その指そうとする物はよくわかる。

このように三家（屯倉、佐野屯倉のこと）の一族六人と仏（知識）の信仰で結ばれた三人とが先祖や父母のために祈願を誓いあった碑文とみられる。それにしても女性、とくに刀自の役割の大きいことがわかる。刀自とは、有力富豪層の家を支配する主婦のことである。それと関東での仏教の浸透などが注目されるが、多胡碑の「和銅四年」にくわえ、ここでも「神亀三年」の日本製の元号の使用が八世紀になって普及しだしたことがうかがえる。なお金井沢碑がもと立っていた土地は不明、だが山名町内であったことは推測できる。山名は室町時代の有名な守護大名・山名氏の出た土地であり、山名氏の前史を知るうえでも注目してよかろう。

石上《いそのかみ》神宮の七支刀の銘文

考古資料を使って歴史についての発言をしようとすると、同じ資料でも、その場合は考古資料ではなく史料となる。史料にはそれなりの責任がともなう。例えば古い年号のある文書でも、後世に作られた偽文書では、その記述の通りを史実とみると歴史を混乱させる。そのような混乱をまねかないように、ぼく自身は資料を三つの等級にしている。

考古資料としての一等資料とは、出土地だけではなく出土状況のわかるものである。二等資料とは、出土地はわかるけれども出土状況の記録のないもの。三等資料とは、遺物としては確かそうではあるが、出土地や出土状況がまったく不明のもので、銅鏡や銅鐸にはかなりの数の三等資料がある。

なかでも三等資料は編年や製作技法の研究には使えても、古代史を考えるうえでの資料にはならない。これを使うとあやふやさを考察にもちこむことになるので、史料とすることを避けねばならない。遺物の蒐集家のなかには〝伝奈良県出土〟のようなことを信じている人を見かける。しかしどこまで使えるのかは疑わしい。

これから述べる年号のある刀や鏡は、どちらも由緒のある神社での伝世品であり、一等資料と同格で価値は高い。要点を述べよう。

奈良県天理市布留《ふる》町に鎮座する石上神宮は、古代にはヤマト政権の武器庫的な性格のあった神社として、『紀』をはじめとする正史にも度々記録されている。それらの記録のうち、いくつかに目を通そう。

垂仁紀の三十九年に、垂仁の皇子のイソニシキ（五十瓊敷）が茅渟《ちぬ》の菟砥《うと》（大阪府南部の地名）の河上宮で剣一千口を作り、石上神宮に蔵《おさ》めた。その後イソニシキがその神宝を主《つかさど》った。それより後にイソニシキが老齢を理由に妹の大中姫《おおなかひめ》に神宝の管理を託したが、大中姫は、〝手弱女《たおやめ》の自分は神庫《ほくら》に登れません〟といってことわった。すると、イソニシキは〝梯子をかけると登れるだろう〟といった。このような経緯をへて物部十千《とおち》根大連《ねのおおむらじ》が管理することになり、今に至るまで物部連が石上の神宝を治めるに至ったという（『紀』）。物部氏については、ヤマト政権の軍事や警察部門を担当していたので、石上の神庫の管理をしたという説明がよくなされている。それも事実だが物部氏について忘れてならないことがある。

「神武東征と難波碕・河内湖の地形」の項でふれたことだが、九州から東進してきたイワレ彦軍が河内の草香でヤマトの長髄彦《ながすねひこ》の軍に大敗した。その長髄彦が君として主《つか》えていたのが饒速日命《にぎはやひ》であった。

ニギハヤヒは大雑把にいえばイワレ彦とは同族の天神《てんしん》（神話上の神々。この場合は菅原道真ではない）の子孫だが、イワレ彦よりも早くヤマト入りをして土地の長髄彦とは姻戚関係を結んでいた。このニギハヤヒが「物部氏の遠祖」だと『紀』は述べている。

このように物部氏とは、イワレ彦の東進にさいして勝者となったという意識をもって、ヤマト政権の中枢に参画した、誇りのあった家柄であり、そのことも石上の神宝を管理した一つの理由だろうとぼくはみている。

五八七年に物部大連《おおむらじ》守屋が蘇我馬子や天皇家の皇子らの連合軍に敗れ、河内に本拠のあった物部氏は滅亡した。物部氏の伝承ではニギハヤヒが天磐船《あまのいわふね》で天降《くだ》ったのは河内国河上哮峰《いかるが》であり（『旧事本紀』）、河内は物部氏にとって由緒ある土地であった。なお物部大連守屋は敗れたとはいえ、ヤマトの物部氏は石上氏として存続し、その後も石上麻呂や石上宅嗣らを輩出した。

石上神宮に保管された武器を主とした神宝の多さを示す史料がある。延暦二十三年（八〇四）に石上神宮にある器仗（器物や武具）を平安京のある山城国葛野《かどの》郡に運ぶことになった。大事業だったらしく、運ぶのに一五七〇〇〇人がかかったという（『日本後紀』）。なおその直後にさまざまの神異があり、それらの神宝は翌年に石上神宮にもどされている。

有名な神宝は石上神宮の宝庫に保管され、ご神体と同じように扱われた六支鉾《ろくしほこ》または六叉鉾《むつまたほこ》といわれていた異形の武器がある（石上神宮編『石上神宮宝物誌』昭和五年、による）。長さ七五センチの剣身の左右に互い違いに三つずつの枝刃がでていて、鋒《きっさき》で数えると七本あるため、現在では七支刀とよびならわしている。この名は、この剣身の表にある銘文に「造百錬鋼（鉄ともいう）七支刀」とあることにもよっている。考古学でいう剣を古代人が刀といった例は他にもあり、埼玉稲荷山古墳出土の鉄剣銘文のなかでも「令作此百錬利刀」（この百錬の利刀を作らしむ）のように利刀といっていて、刀と剣の区別が厳密ではなかったようである。

『紀』に注目すべき記載がある。神功皇后《じんぐう》の五十二年の条に、百済の久氐《くてい》氏らが百済外交にたずさわった千熊長彦《ちくまながひこ》（武蔵国の人という伝えもある）にしたがって宮廷に来て、「七枝刀一口と七子鏡一面」を献上し、服属を申出たとある。すでに述べたように、古代における石上神宮の役割から見て、この七枝刀が石上神宮にあるいわゆる七支刀でもおかしくはない。井上光貞氏も『日本の歴史』一巻の「神話から歴史へ」のなかで、両者が同じものであることを説いておられるし、そのような考えが今日では支配的である。とはいえ先はどもふれたように、長い間石上神宮では七支刀といわずに六支鉾といっていたのはなぜかなど小さな疑問はのこる。

　管見の及ぶ限りでは、七支刀が世に知られるようになったのは明治になってからである。明治六年（一八七三）から数年間、石上神宮に宮司として務めたのが菅政友《かんまさとも》である。菅は国史学者でもあり『漢籍倭人考』の著書にみられるように中国の史書についての知識をもった人である。菅はまず石上の「神剣考」を書いているが、そこでは七支刀についての見聞はうかがえない。それより後で七支刀のあるのに気付き、さらに金象嵌の銘文を検出し「大和国石上神宮宝庫所蔵七支刀」の執筆をおこなった（『菅政友全集』に所収）。少し長くなるが、必要な個所を引用しよう。

　まず剣の長さや形状の説明につづいて「イト黒クサビタルニ、金色ノイサヽカ見ユル所アルガアヤシクテ、ソノ上ナルサビヲ静ニオトシタルニ、始テ文字ノアラハレ出シナリ」（〝コハオノレ、コノ神宮ニ在官ノトキナリ〟の割注がある）「字ハ刀ノ正中《まんなか》ニ金モテ表モ裏モ一行ヅヽニ彫リ入レタレド、ソノ金モ半バヌケ落テ」とつづく。あと高句麗の好太王碑の文に字体が似ることなどを述べ、年号に関して「サテ泰ハ泰ナリ」とし「始ノ字ノカケテソノ半バヲ残シタルナン、コノ泰始ハ漢土ノ年号ニテ、西晋ノ武帝ノ時ニモ、南宋ノ明帝ノ時ニモアリテ」とはいいつつも南宋の泰始四年は否定し、西晋の泰始四年説にかたむいている。菅の時に何字まで読めたかは詳《つまび》らかにしない。しかし文章から察すると、「泰始四年□□月十□日丙午」が読めたことはわかる。

問題は最初の二字の年号の個所である。菅は「泰始」と判断したが、前述の『石上神宮宝物誌』では精査を総合して「泰初《?》四年《?》六《?》月十一日丙午正陽造百錬□《?》七支刀」（以下略）と読んだ。

戦後になって、榧本《かやもと》杜人氏や福山敏男氏らの研究によって、「泰和四年□月十六日丙午正陽百錬鋼《?》七支刀」（以下略）と読んだ。初と和の字が判定しにくいことについては、和泉黄金塚の景初三年銘鏡の研究にさいしても一時問題になったことがある。それはともかく泰和と読み、その泰和を中国南朝の東晋の太和（三六九）にあてることが定説化し、銘文後半の部分（省略した）とも関連して、百済の肖古王が倭王におくるために造られたと解されている。ここでは年号に焦点をおきたいので、国際関係については省略する。

定説化したとはいえ、右の説にはぼくはなお疑問を感じている。太和と泰和とでは、音と意味は通じあうものの、元号制定は中国では天子の特権である。百済には自らの元号はなかった。どうして泰和を太和と変えたのか、そういうふうに元号の字を同じ音の字で置きかえた例があるのか、ぼくは検討すべきとおもう。

もう一つは、年はともかく七支刀の作られた「十六日丙午」についてである。すでに述べた例のなかにも、「景初四年五月丙午日」とか「中平□年五月丙午造作」のような銘文が鏡や刀にあった。つまり金属器の製作にさいして五月丙午の日がもっともよいとする言い伝えがあって、いつしか吉祥句となり銘文のなかにいれる習慣があったのである。しかし最近レントゲン撮影で銘文が見直された結果、判読不明ながらもう一字あることがわかり、五月ではなさそうだということがわかった。なお『紀』が七枝刀とともに百済からもたらされたといっている七子鏡についても、古墳時代中期に副葬されている銅鏡のなかにその候補の同類があるという説もある。

隅田八幡宮の「癸未年」銘の人物画像鏡

隅田《すだ》八幡宮は、紀ノ川右岸の和歌山県橋本市にあって、これから述べる「癸未年」銘のある人物画像鏡を所蔵している。和歌山県にあるとはいえ、奈良県の宇智郡（現五條市）

に近い土地である。

ぼくは毎年七月におこなわれる京都市の祇園祭を楽しみにしている。祭の山鉾《やまほこ》巡行は動く美術館といわれるけれども、ぼくにとっては動く歴史博物館である。思いがけない歴史を見出すことが少なくない。

山鉾の一つが鮎釣山の別名をもつ占出山《うらでやま》である。占出山の言葉から推察できるように、『紀』にでている神功皇后が肥前の松浦の玉島川で鮎釣りをして、これからおこなおうとしている韓の地での戦を占ったという伝説にもとづいている。この山（山車《だし》の一種）の上には皇后が鮎を釣りあげる動作をあらわした人形（山のご神体）が立っている。

占出山の山車を飾る染織類の一つに、隅田八幡宮の人物画像鏡を銘文まできちんと織った掛け物がある。前に、初めてそれを見た時の感動を書いたことがある（『交錯の日本史』）。天保九年（一八三八）に刊行された『紀伊国名所図会』には、見開きで隅田八幡宮の人物画像鏡が掲載されていて、「寺僧伝へて神功皇后三韓を征したまへる時、かの土の人皇后に献れる鏡といふ」の説明をのせている。寺僧というのは、当時は神仏習合によって各地の神社の境内に神宮寺があった。その寺の僧の言葉であろう。

この『紀伊国名所図会』の図によって、占出山の掛け物は作られたとぼくはみている。それにしても考古学者がこの鏡に関心をもつよりも前に、祭の山鉾用の飾りとしてこの鏡が採用されたことは驚きである。

この鏡の四八字からなる銘文については、大正三年の高橋健自氏の論文以来、いくつもの見解が示されている。銘文は「癸未年八月日十大王年男弟王在意柴沙加宮時」(以下略)の二〇字で時をあらわしている。この個所では「日十」と「男弟王」の二ヶ所について別の読み方が提出されているほかは解読がほぼ一致している。

ところで癸未年については四四三年説と五〇三年説に絞られる。というのはこの鏡が人物画像鏡にくわえ、画文帯神獣鏡の方形と半円形を繞《めぐ》らせた文様とで合成されており、これらの原鏡とみられる鏡が河内の長持山《ながもちやま》古墳(藤井寺市)、郡川《こおりかわ》西塚(次頁図)や東塚(ともに八尾市)で出土していて、それらの古墳の年代からみて四四三年でも五〇三年でもよいとぼくは判断している(「神人歌舞画像鏡と隅田八幡宮の鏡」『大阪府史』第一巻に所収)。ただし後でふれるように、この鏡について、韓国公州市にある斯麻王大墓の発掘前に書かれた論文は、まだ必要な事項がわかっていなかったというべきであろう。

五〇三年説の一つに福山敏男氏の説がある。銘文中の「男弟王」を継体天皇の名としての「ヲホドの王(男大迹王・袁本杼命)」が意柴沙加宮《おしさかのみや》、つまり忍坂宮にいた時と考えたものである。しかし記紀にはそのようなことは書かれていないし、別の機会にしばしば述べたように、北陸か近江出自の継体天皇は、近畿へ進出した後に河内や山背《やましろ》で宮を転々と替

隅田八幡宮の人物画像鏡と郡川西塚出土の画像鏡

和歌山県隅田八幡宮蔵の画像鏡拓影

郡川西塚出土の画像鏡拓影

えてはいるが、忍坂宮との関係は想定しにくい。

一方、四四三年をとるのは、水野祐氏や神田秀夫氏である。とくに神田説では、「日十」を「日下」と読んだ。字体では十に見えるが、金石文では減筆といって画数を減らすことがあるので、可能性はある。五世紀の中ごろ河内の日下（草香）には、仁徳天皇の子の大草香《おおくさか》皇子がいた。大草香は日向出身の髪長姫と仁徳とのあいだの皇子で、『記』では大日下王と書いている。

大日下王は有力な天皇の後継者候補であった。当時、允恭《いんぎょう》、安康、雄略らの天皇がずっと中国（宋）と結ぼうとする政策をとり、それぞれ倭王の済、興、武とよばれた（『宋書』「倭国伝」）。

これにたいして、大日下王は新羅などの朝鮮の諸国との関係を重視し、安康と対立し、ついに殺されている。この時、高句麗の好太王の後裔《こうえい》との伝承をもつ難波吉士日香香《なにわのきしひかか》（蚊）の親子も殉死している。さらに『紀』によって、大日下王が「押木玉縵《かずら》」をもっていたことがわかるが、これは新羅や百済で流行した玉で飾った王冠と推定されていて、朝鮮の諸国や日本にいた渡来系の人びとが大日下王を支持していたとぼくはみている（「倭王興から倭王武のころ」『記紀の考古学』所収）。

意柴沙加宮についてもふれておこう。仁徳の子の一人が允恭《いんぎょう》天皇で、『紀』には病弱で

た。忍坂大中姫《おしさかのおおなかひめ》を皇后とし気の弱い人物として描かれている。允恭は応神の流れの名族出身の忍坂大中姫を皇后とした。忍坂大中姫は允恭の即位の時の立役者として『紀』にでていたり、皇后になるより前に侮辱をうけた闘鶏《つげ》国造の姓《かばね》を一つおとすなど気が強いだけではなく、強い力をもっていた。

允恭の陵は、大阪府の藤井寺市にある市野山《いちのやま》という前方後円墳であると指定され、とくにそれを否定する根拠はない。

市野山古墳には、古墳研究のうえで重要な事実がある。それは同一の設計図で造営されたとみられる前方後円墳が市野山古墳のほかに大阪府に二基あることである。古市《ふるいち》古墳群内にある古市墓山《ふるいちはかやま》古墳と、茨木市にある太田茶臼山古墳で、太田茶臼山古墳は現在継体陵に指定されている。

現継体陵は五世紀中ごろの古墳で、実は継体陵としては年代があわず、高槻《たかつき》市にある今《いま》城塚《しろづか》が継体陵であることは大正のころから提唱され、今日では学界の定説になっている。だが太田茶臼山古墳は今城塚よりも規模が大きく、摂津最大の前方後円墳である。であるから、この古墳の被葬者の候補がでない限り、今城塚の継体陵説が完璧なものとなったわけではないというのがぼくの持論である。

古代史研究を市民層にひろげた松下煌《あきら》氏（故人）は、太田茶臼山古墳の被葬者を忍坂大中姫とした。『紀』に描かれている忍坂大中姫からするとそれは有力な説であって、忍坂宮とは皇后忍坂大中姫の居所ともみられる。皇后の生まれ育った土地か、あるいは皇后になった以後も根拠地にしていたのか、水野祐氏は後者の説にたっている。

なお「日十」を日下と仮にすると、癸未年八月、日下大王（の）時となる。日本の学界では、大王といえば天皇という称号のできる前に使われ、したがって日本列島に唯一いた大王という思いこみがある。だがぼくはそのことに疑問をもっている。

中国で出土した前漢の銅鏡銘文に「心思美人　毋忘大王」というのがある。この場合の大王には日本でいう大王のような意味はなく、〝自分のお仕えするよきご主人を忘れるな〟ぐらいの意味だとみられる。

日本の古代でも、天皇だけでなく皇子や皇女に大王を使っている例は『万葉集』にはいくらも見出せる。そればかりか豪族にたいしても、仕える人は大王（君）を使ったこともあるとぼくはみている。

銘文後半には人物画像鏡を作った動機について述べているが、それをみても日下大王という敬称のつけ方にはぼくは不自然さを感じない。ただし日下大王説をとると癸未年は四四三年のほうがよい。加えて、日下大王説では次に述べる斯麻については百済の斯麻王以外の人を想定することになる。

銘文の後半をみよう。これについてはほぼ読みは一致している。「斯麻念長寿、遣開中費直・穢人今州利二人等、取白上銅二百旱、作此竟（鏡）」とある（区切りは便宜上つけた）。〝（百済の）斯麻（王）が（大王の）長寿を念じ、開中（河内）の費直（直）と穢人（漢人の）今州利ら二人（に）、白い上同（銅）二百旱（貫）を取らしてこの鏡を作らせた〟という意味にとれる。

開中は河内のこと。『新撰姓氏録』によると「河内国諸蕃」（諸蕃＝外国出自の人のこと）に河内忌寸《いみき》、河内造《みやつこ》、河内連《むらじ》など河内をなのった渡来系の人が見え、「開中費直」を考える手がかりがある。つまり河内には渡来系の人々も多く住んでいたのである。それと漢人のことをどうして「穢人」という言葉で表わしたのか。渡来人とはいえ韓人の優位主義が垣間見れるようでもある。

それにしても、この鏡は弥生後期から古墳前期をへて長らく続いてきた伝統的な鏡製作の技法からは文様の表現技法がかけ離れていて、ぼくは百済の斯麻王大墓出土の方格規矩獣文鏡をおもいだす。

百済の斯麻王大墓をめぐって

「斯麻《しま》王」の名は、百済の都のあった公州郊外にある宋山里《そうざんり》古墳群中の一円墳で見つかった墓誌に刻まれていて、この古墳は朝鮮半島と日本列島にある古墳のなかでは被葬者名と没年（五二三年）のわかる数少ない例である。斯麻王は武寧王《ぶねいおう》の名でもよばれ、その古墳を武寧王陵とよぶことが多い。しかし墓誌には斯麻王大墓とあって、さらに陵ともいっていない。

斯麻王大墓が発見されたのは一九七一年七月で、ぼくもその直後に見学することができた。古墳に被葬者を葬った時に死者に副《そ》えた墓誌に斯麻王の名があった。このことは日本の学界にも衝撃をあたえた。というのはその当時は『紀』のさまざまの記事の信憑性に、学界では疑問を強めていた。ところが斯麻王の名は『紀』の武烈天皇四年の是歳《ことし》の条にでているのである。

要点を述べよう。百済で政変があって、未多王を廃して嶋王を立てた。これが武寧王であるとしたうえ、『百済新撰』を引いて、武寧王の諱《いみな》が斯麻王であり、筑紫嶋で生れたので嶋王としたことなどを述べている。シマ王の島とは日本の発音だったのである。

斯麻王大墓には、五面の銅鏡が副葬されていて韓国の古墳としては珍しい。ところで銅鏡のうちの方格規矩鏡は後になってから文様を追加しているという予想外のものである。

原鏡は「尚方作竟眞大好」ではじまる神仙界を謳歌する銘文をもつ後漢の方格規矩四神鏡だが、内区の文様の上に浮彫風に一つの人物像と四つの獣形を追加して鋳造している。

原鏡の型をとって、新たな鏡を作ることを〝踏返す〟といって同型鏡の一種であるが、これほどはっきりと文様を追加していた例は初めて見つかった。おそらく斯麻王のころに百済の工人がおこなった踏返しであって、それを製作した動機があったはずであろう。

河内での青銅器の製作

先ほど隅田八幡宮の所蔵する癸未年製の人物画像鏡の文様が特異であることを述べたが、今のところ斯麻王大墓出土の文様の追加された方格規矩獣文鏡の追加部分にある程度の共通した手法を見出せるぐらいである。すでに述べたように、癸未年銘の人物画像鏡の銘文の後半には、〝斯麻王が長寿を念じて、開中費直らを遣わしてこの鏡を作らせた〟とある。仮に開中費直が河内に移住していた渡来人とするならば、斯麻王がこの鏡を作ることを命じたのか依頼したのであろう。

河内で青銅器製作をおこなった例としては、東大阪市弥生町にある鬼虎川《きとらがわ》遺跡があり銅鐸の石製鋳型をはじめ各種の鋳型が出土している。弥生時代後期の工房跡である。興味深いのは、東大阪市河内町に奈良時代の河内寺（地元では〝こんでら〟と発音している）の寺跡が発掘されていて、前に述べた河内連の氏寺と考えられている。なお銘文中の開中費直は鏡の製作を管掌した人物で、工人はその支配下にあり、銘文の作製を担当したのが穢人

日下周辺の関係遺跡

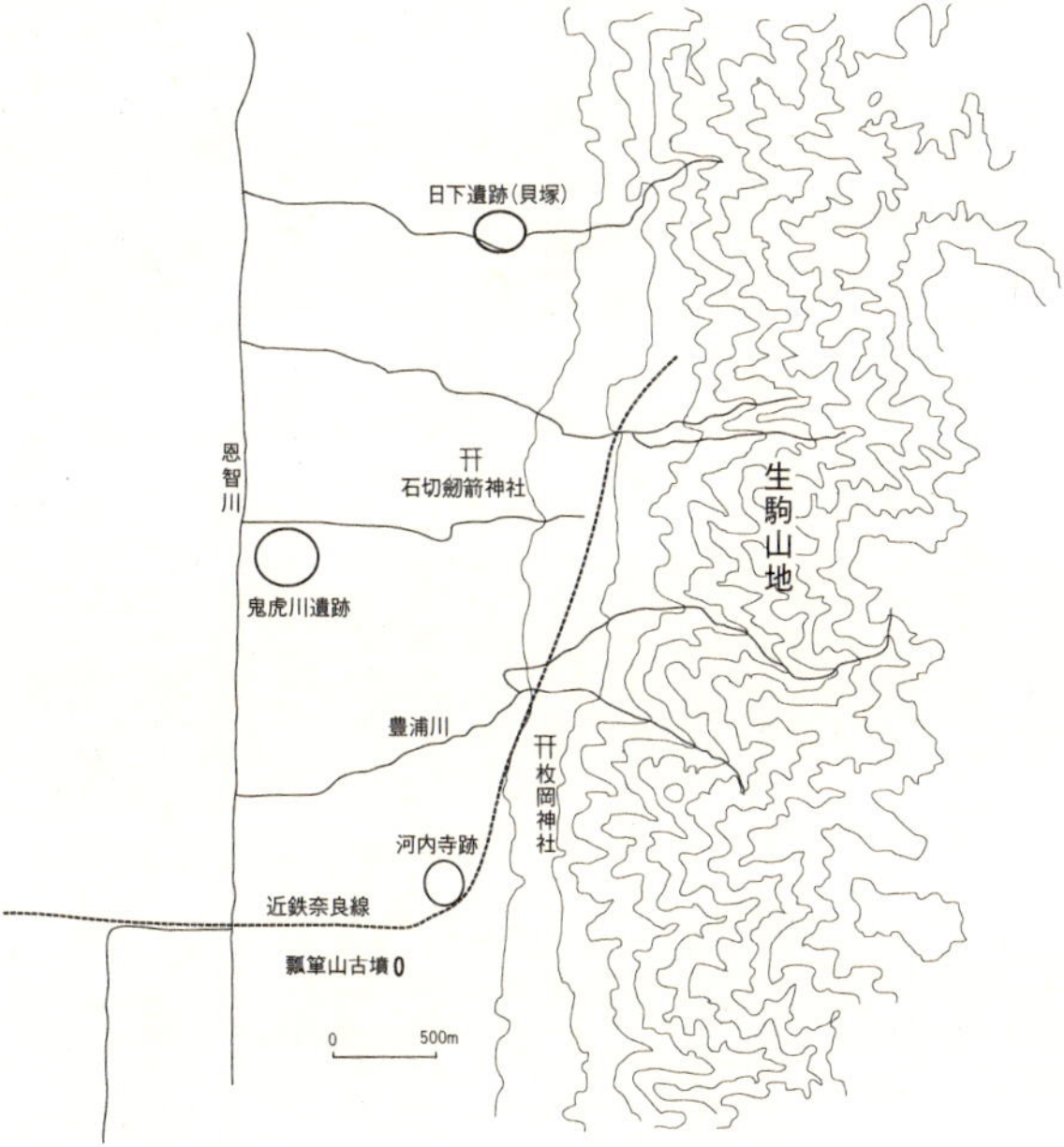

〔石切劔箭神社は物部氏の先祖の饒速日を祠る。枚岡神社は中臣氏が祠る。鋤柄俊夫氏作図〕

（漢人か）の今州利だったのであろう。

「癸未年」銘の人物画像鏡の研究は、斯麻王大墓とともに誌石の発見によって一変したとおもう。斯麻王は四六二年に生れたと推定される。それは死んだ年の五二三年から逆算されるようになった。さらに朝鮮の歴史書である『三国史記』を参考にすると、王として即位したのは四七九年となり、癸未年四四三年説は無理となる。銘文中の大王と男弟王の二つを生かしながらどのように比定するのか。これはぼくにとってもさらに宿題になるし、いわゆる定説にこだわっていては実際のことが見えてこないであろう。

銘文は現物に即して読む

年号に関して、知っておかないと間違いをおかしかねないことがある。刀や剣の銘文は縦に書かれているのにたいして、大半の銅鏡の銘文は右回りか左回りで円形に繞《めぐ》っている。銅鏡では位至三公鏡が鈕の上下に位至と三公の字を縦に書いているぐらいで、銘文が円く繞る。

刀、剣、銅鏡さらに石碑の銘文も、読むとはいっても現物から直接に読むことよりも、書物の上で活字になった銘文で読むことが多い。もちろん止むをえないことである。そのさい本来縦書きのものは文首と文尾を間違うことはないのにたいし、銅鏡の場合には文首と文尾が区別しにくい場合がある。つまり活字化されている文の切れ目がそれでよいかどうか。このことに問題のある場合があるのである。

銅鏡の銘文でも、尚方作鏡や吾作明鏡などの慣用句があると文頭はわかりやすいし、兮《けい》があると文尾を示す記号であって、その次の文字から銘文が始まることがわかる。

隅田八幡宮の人物画像鏡は、癸未年に始まるとするのが定説ではあるが、少数意見として別の考えがある。研究史と各々の字体を詳細に検討した坂元義種氏の説である。今まで文頭の癸は誤字または異体字としてすませてきた。しかし坂元氏はそれは無理で矣《い》と判断し、文首は「未年」で始まり、文尾を「此竟矣」であろうと考えた。矣は文末につけて断定や推定の語気をあらわす語である。

坂元説のあることに留意する必要はあるが、古代日本の金石文で十干を省略し十二支の一字だけを書いた例をぼくは知らない。やはり誤記と見て癸未年でよかろう。那須国造碑は教養のある人が銘文を作っているが、それでも文中の庚子年の庚を康に誤っていた。これは銘文の作成者の責任というより石工など工人の教養または注意力に関することであろうとぼくはみている。

4 「暦」はどのように使われたか

子供のころ和風のカレンダーのことを日めくりというのが妙に気になった。一日が終ると一枚の紙を捨てる。日めくりを一枚ずつ捨てるようには過去の時間はそうやすやすとは捨てきれない。そこにこだわりを感じたのだった。

昔の日本人は日々の推移をどのように意識し、さらにはいつごろから中国で発達した暦を採用したのだろうか。かんたんに暦というけれども独特の考えにもとづいた十干十二支（えと）の知識もほぼ一緒にもたらされた。

ぼくを例にとっても今日が何の干支にあたるかは意識したことはない。古代人もそれを覚えるためにはさまざまの工夫をした。その工夫を示す遺物が意外にも蝦夷の地域、少なくとも蝦夷との接触地で出土しているのは面白い。ぼくの苦手な分野ではあるがおさらいをしよう。

干支の使用

日本で干支のうちの十二支を知ったのは弥生時代後期に遡る。前に述べた方格規矩四神鏡を通じてである。たとえば福岡県の平原古墓の方格規矩四神鏡の方格内には、一二の小乳を配しそれぞれの小乳の間に「子丑寅卯辰巳午未申酉戌亥」の一二字を配すものがある。

十二支の字を方格に配した銅鏡は、近畿の古墳時代前期にもうけつがれ、天理市の柳本《やなぎもと》天神山《てんじんやま》、大阪府紫金山《しきんざん》、京都府の椿井大塚山《つばいおおつかやま》などの前方後円墳や円墳の大田南五号墳などで出土した方格規矩四神鏡にみられる。

平原古墓出土の方格規矩四神鏡にも、方格に十二支の字と銘帯に「尚方作鏡」以下の銘文をもつ一号鏡などと、「尚方作鏡」以下の銘帯はあるが十二支の字をすべて「一」に略した一九号鏡などと違いがある。

ところで、現在は十二支は年を表す言葉として使われることが多いが、古来は時刻を表す表現としても多く用いられた。テレビが普及するまえラジオで〝時報が正午をお知らせします〟といったものであるが、午《うま》の刻とは一二時をはさんだ前後、正午は真昼のこと。これにたいして子刻《ねのこく》は真夜中の一二時をはさんだ二時間のこと。

こうした時刻に対する十二支の使用は古く、那須国造碑では那須直韋提が死んだのは庚子年正月二日辰節としている。この辰節は辰の時と解されている。つまり午前七時から九時の間に死んだのであるが、なお節については問題をのこす。

ところで四神が東南西北の方位をあらわすことは前に述べた。今日でも「子午線」という言葉があるように、十二支は四神よりも細かく方位をあらわす用途でも用いられる、子午線とは北と南を結んだ地図上での線を言う。

方格規矩四神鏡では、方格の右に青龍、下に朱雀、左に白虎、上に玄武を配しそれぞれを東南西北にあわせているが、これに対応するように子以下の十二支の字を配している。今日でもタツミの方角、ウシトラの方角、イヌイの方角とかいう言葉も生きている。丑《うし》寅《とら》は北東、辰巳《たつみ》は南東、戌亥《いぬい》は北西の方角で乾と書くこともある。このように十二支の知識は日本へは早く入っているが、弥生人や古墳時代人がそれを理解したかどうかについてはさらに検討がいる。

金石文の史料での年号の表現方法はいくつかに分けられる。

まず元号と数字であらわすもの。これには中平□年（東大寺山古墳の刀の銘文）のほか、青龍三年、景初三年、景初四年、正始元年、赤烏元年などの表記が、さまざまな古墳出土の鏡の銘文にみられる。さらに泰和四年（石上神宮の七支刀の銘文）、和銅四年（多胡碑）

や神亀三年（金井沢碑）などの表記もみられる。

だが、そのほかに永昌元年己丑（那須国造碑）のように干支を併用して年号をあらわす方式がある。さらに元号は書かずに辛亥年（埼玉稲荷山古墳の剣の銘文）、辛己歳（年）（山ノ上碑）、癸未年（隅田八幡宮所蔵の人物画像鏡）の銘文がある。先にいったように坂元説が成立すれば十二支だけで書く未年も一分類になる。

一九八八年に兵庫県八鹿町（現養父市）の箕谷二号墳（円墳）で「戊辰年五月□」の銅象嵌による銘文をもつ刀が出土した。銘文の後の部分は不明瞭であるが文首が戊辰年で始まることは確実である。これで出土品としての年号をつけた刀や剣の数が四例になった。四例中の三例が前方後円墳であるのにたいして、箕谷二号墳は但馬にある小型円墳の石室内からの出土で、当時文字に接したのは大豪族層だけではないことが示されている。なおこの古墳は古墳時代後期の築造で、戊辰年は五四八年か六〇八年と推定され、六〇八年のほうが可能性は強い。

干支は日常の言葉では「えと」といわれている。今日でもよく聞く干支を使った歴史用語に、戊辰《ぼしん》戦争がある。慶応四年は九月に改元して明治元年になるのだが、慶応四年一月から明治二年五月に明治政府が誕生するまでの一連の戦争を干支の名前をつけてよんでいるのだ。

「壬申《じんしん》の乱」も歴史用語として定着している。六七二年におこった大海人《おおあまの》皇子（即位後の天武天皇）と大友皇子の皇位継承をめぐっての内乱である。発音は同じだが「壬辰《じんしん》の倭乱」といえば豊臣秀吉が朝鮮半島に出兵したいわゆる文禄の役についての韓国の歴史用語である。

このほか後で述べるように「大化」の元号は古くからあったかどうかに疑問があるので、大化の改新とはいわずに「乙巳《いっし》の変」とよんだりされることがある。考古学でよく使う大化の薄葬令も、その用語を使わずに、その令がでたと『紀』に記されている二月二十二日の干支によって甲申《こうしん》の詔《しょう》とか令とよぶこともある。これは六四五年のことである。面倒臭そうではあるが、何度もいうように正確さを期すためには労を惜しんではならない。

ぼくは記憶力の良い方ではない。若いころから今日が何日だったかを覚えていないことがよくあったし、書類に年月日を書くようなとき今年は昭和の何年かとか平成の何年かはいちいち確認する必要があった。西暦についてもほぼ同じである。ましてその年の干支が何に当たるかはとても覚えきれず、手帳などを見ないと無理である。

このような自分の体験からいえば、暦が必要になる。

よく引用される文だが、『三国志』「倭人伝」の「裴松之注《はいしょうし》」に〝其俗正歳四時を知らず、ただし春耕と秋収を計り、年紀となす〟の記述があって、三世紀の倭人社会では中国流の暦をまだ知らなかったようである。「但計春耕秋収」の「計」を、ぼくは記録する、文字で書き記すとみて、文字でメモしていたと解している。文字がなかったのと、中国流の一年を十二月とする暦がなかったのでは、文化受容の段階が違うのである。

なお「裴松之注《はいしょうし》」とは、南朝宋の元嘉年間（四二四―四五三）に宋の皇帝の詔によって『三国志』の注を裴松之《はいしょうし》が作ったものである。注に使われている書物は多く、伝わっていない書物もある。今引いた個所は『魏略』の一節である。

先にふれたようにぼくの月日の経過にたいする認識は、暦で確認しない限り、かろうじて四季の変化を意識する程度である。おそらく暦が使われるようになる前の倭人の時間認識もそのようなものであったと思われる。

本居宣長の著作に「真暦考」がある。中国の暦法が渡来する前に日本列島でおこなわれていた自然の暦法を記紀からさぐろうとしたものである。このような自然暦が今日にも日本人の意識の根底にあるようにおもう。

漆紙文書と暦

近年の日本各地の発掘で、中国流の暦に関する資料がよく出土する。律令制下の陰陽寮に所属した暦博士が、毎年製作する暦に関する手引きである。具注暦といって暦について細かい点を注（説明）している。

正倉院にも紙に書かれた具注暦はあるが、一九七三年にまず宮城県の多賀城遺跡で、遺物となった具注暦が出土した。それについで秋田市にある秋田城遺跡でも発掘された。多賀城は太平洋側、秋田城は日本海側にあって、ともに対蝦夷政策の拠点である。城柵としての軍事上の鎮所ではあるが、西の大宰府に似た政治的な役割もあった。どちらも八世紀に設けられ、多賀城には天平宝字六年（七六二）に建立された多賀城碑がある。多賀城は陸奥国の国府をもかね、秋田城は出羽国の国府をかねた時期もある。

陸奥といえば、蝦夷《えみし》の住む僻遠《へきえん》の未開の地という印象がもたれやすい。だがこれは大きな誤解である。

九世紀前半に源順《したごう》が編纂した『和名類聚抄』（『和名抄』ともいう）に記録された六六ヶ国と二島の田の面積をみると、第一位が陸奥国（五一四四〇町三段九九歩）、第二位が常陸国で、上位は東日本の国々に集中し、都のあった山城国は三二位、大和国は三六位にすぎなかった。ちなみに出羽国は九位であった。

考古学者のなかには〝古代の米の生産では西日本、とくにヤマトが優れていた〟というような先入観をもつ人がいる。しかし平安時代前期の田の面積では陸奥国が第一位で、この点、先入観を修正する必要がある。

ところで発掘資料としての具注暦は、漆紙の状態で出土することが大半で、漆紙《うるしがみ》文書ともよばれている。

というのは、古代の財のひとつに漆があった。漆の木に傷をつけ、そこから浸みだす樹液を集め容器で貯えるのだが、貯蔵にさいして乾燥と塵芥《じんかい》の入ることを防ぐため紙で蓋をする。

漆の容器の蓋に用いる紙として中世には新しい紙を使ったが、古代には紙は貴重で、そのため反故《ほご》紙を使った。反故紙のでやすいのは国府や郡衙《ぐんが》などの役所で、そのため用のなくなった戸籍、計帳、出挙《すいこ》帳や具注暦が反故として利用されたのである。だから蓋になった円形の部分だけが漆紙として腐らずにのこり、外側は腐ってしまっている。だがこれにより、私たちは古代の暦を目にすることができるのである。

漆紙文書の出土で有名なものに、茨城県石岡市の鹿の子《かこ》遺跡がある。常陸《ひたち》自動車道建設のための工事中にあらわれた常陸《ひたち》国の国府にともなった工房群である。だが保存の努力が足らず工事で消滅した。国府といえば、正庁のある一画だけを保存すればよいという考えもあるが、付属した工房群も、古代社会の賑わいを復原するには好個の対象である。

さて、鹿の子遺跡からは八世紀と九世紀の竪穴住居址一六九棟、工房跡一九棟などの遺構群が検出され、その内外から総数三八〇〇点ほどの漆紙片が出土し、それらを整理して二八九点の文書類がえられた。それにしても当時の漆の需要の大きかったことは想像以上であった。

また、一九八〇年には静岡県浜名郡可美村（現浜松市）の城山遺跡から具注暦の墨書された木簡が出土した。木簡とはいえ荷札木簡のような規格品ではなく、長さ約六〇センチの板に書かれていた。しかも内容からみて具注暦を写すには、少なくとも六二枚の木簡を必要としたと考えられ、編綴《あみと》じられた木簡群と推定された。

これは政府から遠江《とおとおみ》国府に給付された具注暦を国府で転写し、それを郡衙《ぐんが》（敷智《ふち》郡か）に配布したのであろう。この場合、郡衙で転写したことも充分考えられる。というのは城山遺跡やその遺跡に近い伊場《いば》遺跡でも墨書土器や木簡が多数出土していて、活発な文字の使用が認められるからである。なお城山遺跡については原秀三郎氏の「静岡県城山遺跡出土の具注暦木簡について」の論文が『木簡研究』に掲載されている。

具注暦の資料はそののち東京都府中市の武蔵国分寺近くの武蔵台遺跡や福岡県久留米市の筑後国府遺跡などでも検出がつづき、八世紀から九世紀の役人が中国流の暦を日常使うために努力していた様子がわかる。

具注暦は、時代によって種類は異なるが中国の暦の使い方についての手引きを書いたもので、以下、中国の暦の受容についての主な記録にふれよう。

欽明天皇のとき、まず十四年（五五三）には百済に馬・船・弓矢などの軍需物資を送り、その見返りに医博士、易博士、暦博士の派遣と、卜書《ぼくしょ》や暦書、それに薬などの提供を求めている。

この記録では、〝今上件の色《しな》の人は、正に相代らん年月に当れり〟とあるから、この記録より前に医博士、易博士、暦博士の交代制が始まっていたのであろう。

翌年の十五年に、新しく交代する人として暦博士の固徳の王保孫《おうほうそん》らを百済は派遣した。固徳は百済の官位で、氏名《うじな》が王であったことから百済にいた中国系の人であったかと推定される。

推古天皇十年（六〇二）には、百済の僧、観勒《かんろく》が派遣されてきて、暦の本や天文地理の本を献上している。このとき陽胡史《やこのふひと》の祖である王陳に暦法を学ばせたという記録がある。『新撰姓氏録』によると、陽胡史は隋の煬帝《ようだい》の後（＝後裔）と書かれていて（「左京諸蕃」の項）、わが国にいた中国系の渡来人である。

また、持統天皇の四年（六九〇）の十一月の甲申の日（十一日）に「勅を奉りて始めて元嘉暦と儀鳳暦をおこなう」とある。しかし正史で〝始めて〟と書いてある場合、文字通りと解釈をする必要のないことはよくあるので注意が必要だ。

元嘉暦は南朝宋の元嘉二十年（四四三）に編纂されたもので、百済には早く入っていたと推定され、欽明以前にも日本列島に伝わっていた形跡がある。

元嘉暦は今日のわれわれの生活とは無関係とおもわれやすい。だが実はこれは、二月十一日の建国記念日に関係がある。というのは、『紀』にでている神武天皇の即位の年の正月朔《ついたち》の元になったのが元嘉暦なのである。元嘉暦は先ほど述べたように五世紀にできたものだが、『紀』の成立にさいして元嘉暦によってさまざまの事件の時の記述を整えた。なお一月一日が二月十一日に換算されたのは、明治政府が明治六年にグレゴリー暦を採用し、それによったからである。

また儀鳳暦は唐の時代に編纂され、六六五年から七二八年まで中国で用いられたものである。そののち唐では大衍暦《だいえんれき》が用いられ、日本でも宣明暦《せんみょうれき》の採用まで使用がつづいた。

注意すべきは宣明暦の受容のしかたである。宣明暦は唐で八二二年から八九二年まで使用されたすぐれた暦であるが、大衍暦のように遣唐使（この場合は吉備真備《きびのまきび》）がもち帰ったものではなく、貞観元年（八五九）に渤海《ぼっかい》からの使節がもたらしたもので、八六一年に正式に採用されてから江戸時代初期まで約八〇〇年間も用いられ、多くの具注暦も製作された。

奈良時代や平安時代には、地方の役人のなかには干支の使用に苦労した人がいたらしい。

新潟県の北蒲原郡笹神村（現阿賀野市）の発久《ほっきゅう》遺跡では、延暦十四年のものと推定される毎月朔（ついたち、一日）の干支を書いた木簡の下部の断片が出土している。復原すると、表には延暦十四年の墨書と正月から六月までの朔の干支を書き、裏面に七月から十二月までの各朔の干支を墨書している。朔の干支がわかればあとの日は順番にわかるという忘備の工夫であろう。

干支六角柱と菅江真澄

菅江真澄（一七五四—一八二九）という旅の学者がいた。三河出身と伝えるが、終生、東日本、とくに秋田を克明に歩いて膨大な著作をのこした人で、ぼくが私淑する先人である。暇があれば『菅江真澄全集』を開いて文章を読み挿絵を楽しんでいる。考古学や歴史学、民俗学などの知識の玉手箱といってよかろう。

さて、文化十四年（一八一七）の六月、秋田の脇神《わきがみ》村小勝田《おがた》（現北秋田市）の地で、米代《よねしろ》川《がわ》に洪水が発生し流域の畠に地崩れがおこった。そのさい地中から二、三棟の建物があらわれ、人びとを驚かせた。平安時代の洪水で不幸にも埋没した建物であろう。

今までのぼくの記述に、〝竪穴式住居址が何棟ある〟などと書いた。そこで住居址といっている大部分は建築物そのものではなく、地面に掘りこんだ柱穴や竪穴の遺構から推定したり復原したりしているのである。これにたいし小勝田では昔の建物が屋根までのこってそのまま埋まっていたのだから人びとの注目を集め、近在から見学に訪れる人が大勢いた。見物人のなかには記録をのこした人もいた。その一人が当時秋田に滞在していた真澄であった。

真澄が訪れたのはかなり後になってのことらしく、すでに埋没建物は見られない状況になっていた。そこで真澄はそれを実見した人びとから情報を集め埋没建物の図を作っている。この図は「埋没家屋」の図とよびならわされ、秋田県の大館《おおだて》市図書館に保管されていて、ぼくも拝見したことがある。長方形に竪穴を掘り板壁の上に屋根のある建物だが、寸法の記載はなかった。なお後に述べるように米代川流域は埋没建物がたびたび発見され、それにたいして「埋没家屋」といいならわしているが、ぼくは「埋没建物」と呼んで、単なる農民の住居（家屋）ばかりではなさそうだということを認識するための下準備としたい。

小勝田《おがた》での真澄は建物遺構を見ていなかったが、建物にのこされていた遺物は詳しく観察をおこなった。そのなかにさまざまの機《はた》の道具、苧笥《おけ》（紡いだ麻をいれる器。麻笥とも）、櫛、槌などとともに干支六十字を書いた六角柱があった。六角柱の高さは約三五センチあって、それには干支と干支の間にすべて小穴があけてあった（一三三頁図参照）。すなわち甲子〇、乙丑〇、丙寅〇のようになる。珍しい遺物である。干支の普及の過程を理解するのには、よい資料になる（後述）。そのためには秋田の埋没建物なるものを概観しておく必要がある。以下で要点を述べよう。

秋田の埋没建物

米代川流域では、江戸時代からの発見例を整理すると七ヶ所で埋没建物が見つかっており、別に男鹿《おが》半島に近い八郎潟西岸でも発掘されている。後で詳しく述べるが男鹿《おが》半島から米代川流域にかけての地域は、平安時代の元慶《がんぎょう》の乱（八七八）に蝦夷の勢力の強かった十二村のあった土地で、正史の『三代実録』には「賊地」と書かれていた。

注意を要するのは、村といっても江戸時代の農村としての村とは内容が違って、倭人伝にでている北部九州の国の範囲に似ていて、律令体制でいえば西日本の郡の範囲に匹敵する。埋没建物の年代は平安時代の中期か後期のものが多く、元慶の乱よりは少し後になるが、もと蝦夷の支配する土地なのである。

文化十四年より前にも、米代川流域では今日の大館市内になる大披《おおびらき》や板沢で埋没建物が見つかっていて、真澄の記録にもでており、真澄はかねてから関心をもっていたことがわかる。

戦後になってまず一九五九年に耕地整理中の男鹿《おが》市脇本の小谷地《こやち》遺跡でも埋没建物が見つかり、建物の多くは平安時代中ごろのものであったが、中には五世紀ごろまで遡る遺構もあった。低湿地であったため、建物の全貌の調査は難しく、建物ごとの建築材の発掘に重点がおかれた。墨書《ぼくしょ》土器の多いことも注目された。

一九六九年からは胡桃館《くるみだて》遺跡の発掘が始まり、平安時代の埋没建物についての知識が深まった。その概要については、発掘に参加された建築学者の永井規男氏の「秋田の埋没家屋」に詳しい（大林太良編『家』に所収）。

そのなかで永井氏は胡桃館遺跡がたんなる農村では見られない建物の規模や配置、さらに用材の大きなことなどからみて、在地性は強いけれども官衙《かんが》的性格がみられるとして、郡衙とか郷長の邸宅を想定された。

胡桃館遺跡については、調査後に「胡桃館埋没建物収蔵庫」が設けられ、出土した建物の用材が保存されている。ぼくはそれを見学したとき、それまでもっていた「埋没家屋」という言葉から受けた印象とは違った立派で豪壮な建築材であることに目を疑った。ちょうど京都の家の普請をした後で、現在の住宅の柱や棟などの大きさがわかっていたので比較ができたのである。

先ほどいった蝦夷の一二の村のあった地域には米代川流域も含まれ、律令体制下の郷があったかどうかには問題がある。埋没建物の年代が平安時代中期に多いとしても、元慶の乱当時の地域の社会構造は継承されているだろう。律令政府は、蝦夷集団をできるだけ夷俘《ふ》とか俘囚《ふしゅう》として政府がつくる秩序に服属させようとした。稲作をとりいれること、仏教に親しむことなどに加え、文字文化になじませることもその一つだったのだろうとぼくは推定している。文字文化といえるかどうかに問題はあるにしても、東北地方での墨書土器の多さは注目に値するものがあり、すでに述べたように小谷地《こやち》遺跡や胡桃館《くるみだて》遺跡でも出土している。

元慶二年に記録された賊地十二村とは、上津野、火内、榲淵、野代、河北、腋本、方口、大河、堤、姉刀、方上、焼内だが、そのうち上津野から野代が米代川流域、他は雄物川流域と八郎潟周辺である。このうち火内は、いまも比内として地名が伝えられている。

記憶のメモ用の干支六角柱

干支六角柱の出土した小勝田《おがた》については、記録をのこした一人に大館の黒沢道形がいて、『秋田千年瓦』(『秋田叢書』第九巻所収)をのこしている。それによると「秋田郡比内庄小勝田」とあって、古代には賊地十二村の一つ、火内村の範囲にあったと推定される。ヒノイは今日でも比内鶏などで知られた古くからの地名である。地名にどの漢字をあてるかも大切だが、発音の同じ漢字であてられていることも大切な視点である。

ところで真澄は「支干《ママ》六十字六方柱ノ考《こと》」の一文をのこしていて（『菅江真澄全集』第九巻）、その中で真澄は各干支の下にある六〇の穴の一つに木釘（短い棒）がさしこまれていることに注意している。真澄の描いた図によれば角柱の一辺に甲寅《こういん》の行があって、戊午《ぼご》の下の穴に木釘はあるとみられる。この木釘が打ちこまれていた戊午の日が災害のあった日を示しているのであろう。

また、新潟県の発久《ほつきゅう》遺跡で、延暦十四年のものと推定できる月毎の朔《ついたち》の干支を書いた木簡が出土していると前に述べた。これを僕は毎月の朔の干支が確認されれば、あとの日は自動的にわかるという忘備の工夫とみた。それにたいして小勝田遺跡出土の干支六十字を書いた木柱は、干支のすべてを書き、毎日がどの干支に当るかを明らかにするための学習の工夫を示す墨書柱なのである。

僕の推定では、越後の役人は干支は暗記できていたが毎日の干支はいちいち割り出していた。出羽の在地の長は干支の暗記はおぼつかないが、干支習得のための努力はしていたのであろう。いずれにしても真澄のおかげで干支習熟への過程の一端がわかるのである。

「大化」は最初の元号か

日本史関係の辞書では、中国の制度にならって日本で元号を使いはじめるのは大化元年（六四五）であるとしている。大化は六年までつづき、その二月に穴戸《あなと》（長門）国が白雉《はくち》を献上し、それを祥瑞《しょうずい》として喜び、元号を白雉としたと『紀』は伝えている。

白雉が献上されたとき、そのことの意味について諮問をうけた一人が道登《どうと》であり、道登は高麗（高句麗）で白鹿の見つかった故事をあげ白雉発見を吉祥とみた。道登は六四五年に仏教の興隆のために定められた十師のうちの沙門としてその名がみえる（『紀』）。また宇治橋の碑文中に名がある。『日本霊異記』では「高麗学生道登」とあって、高句麗への

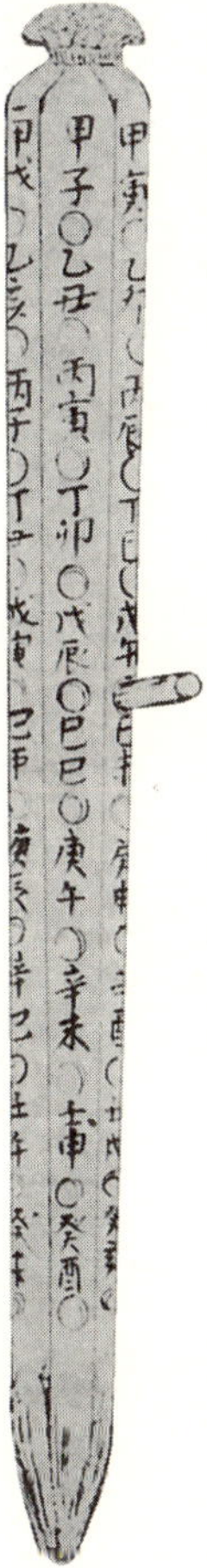

菅江真澄の描く干支棒（災害の日は戊午の日だった）〔菅江真澄「支干六十字六方柱ノ考」より〕

留学経験があったことをおもわせる。

白雉は五年までつづき、その後しばらく元号使用が途絶え、天武天皇の死の年でもある六八六年に一年だけ朱鳥があってまた途絶えた。

朱鳥の発音はアカミトリで、白雉と朱鳥はともに珍しい鳥の発見を元号作成のさいの契機としているのにたいして、大化は政治体制の激変を二字であらわしていて、後でも例をあげるけれども異質なものを感じる。

七〇一年が大宝元年になってから、慶雲、和銅、霊亀、養老、神亀、天平などの元号をへて、現代の昭和や平成につづいていることは周知の通りである。

ところが遺跡から出土する墓誌や売地券《ばいちけん》に記された元号、あるいは出土木簡や伝世の文書などにしるされた元号は大宝以後の元号であって、ぼくの注意の及ぶかぎりでは大化、白雉、朱鳥と記した同時代史料はない。実際にあった元号としても、普及はしなかったようである。

「大化」の元号については、『紀』の記述では使っているけれども、同時代史料によって確認されるまではぼくは疑問におもっている。つまり「大化」は同時代には使われておらず、後に命名された可能性も高いのである。

皇極《こうぎょく》天皇の四年（六四五）六月に飛鳥板蓋宮《あすかいたぶきのみや》で外交儀式があったとき、中大兄皇子《なかのおおえの》（のちの天智天皇）らが蘇我入鹿《いるか》を謀殺し、蘇我の本家を滅ぼした。乙巳《いっし》の変である。

この事件が発端となって、皇極は退位し孝徳天皇が即位すると直ちに大化元年となったと『紀』では記している。しかし同じ『紀』が白雉の改元にさいしての吉祥事件を詳しく述べ、この元号の由来について説明しているのにたいし、大化元年になった個所は何の説明もしていない。乙巳の変など重要事件を次々に書いたのだから、大化（激変）の意味はわかるだろうといわんばかりである。そこで『紀』以外の史料にあらわれた「大化」について検討してみよう。

宇治橋建造と「大化二年」

宇治市の平等院は、琵琶湖を水源とする宇治川（氏川、是川）の左岸にあって、平等院より少し下流に現在の宇治橋はかかっている。宇治橋のある地は弥生時代や古墳時代以降、大和や南山城《やましろ》、とくに南山城の木津川右岸の地と近江や北山城とを結ぶ陸上交通の要衝《ようしょう》だった。

六六七年に近江の大津宮へ天智天皇が都をおいてからは、大和から近江へ至るのにも、あるいは逆に近江から大和へ至る場合にもこの陸路は重要で、宇治に橋がかかるまでは渡《わたり》があって、宇治渡《うじのわたり》で重要事件があったことは記紀に何度もでている。もちろん渡があっただけでなく近くに宇治津もあり、市《いち》や宿泊施設もある賑やかなマチができあがっていた。渡があった場所には橋のかけられることがよくある。天智の死後に大友皇子（近江朝廷側）と天智の弟の大海人皇子（のちの天武天皇）との間に皇位継承の争いがおこった。六七二年の壬申の乱である。この乱の経過を詳細に叙述した『紀』では、天智の死の直後に菟道《うじ》の守橋者《はしもり》に命じて大海人の舎人《とねり》らが食料を運ぶことを監視させている。すでに宇治橋はあったようである。

先ほどもふれたように、宇治橋の必要性が激増したのは大津宮ができるころであろう。あるいは近江遷都が計画されたころに、遷都に先立って宇治橋を天智が建設させたことも考えられる。

ここで、宇治橋にかぎらず、橋についての史料の読み方で気になることがある。それはある橋の存在を示す史料が百年ほどをへだてて二度あるとしよう。すると同じ橋がずっと存続していたと読んで疑問をもたない人がかなり多い。だが石橋でなく木造の橋の場合は、水につかっている橋脚《きようきやく》は腐りやすく、橋脚が損傷したら橋を架け替えるほかない。

宇治橋についても平安時代に菅原孝標女《たかすえのむすめ》が初瀬詣をしたときの日記に、宇治の渡の混みようを書いている（『更級日記』）。人によっては〝宇治橋があるのに不審な記事〟と評する人もいるが、橋の存続期間を考えないことからおきる誤解であろう。橋の架け替えでは元の橋と同じ位置でおこなうこともあるが、少し離して架け替えることもある。古代の宇治橋も現在の宇治橋より少し上流にある中の島を利用して設けられたとみることができる。中の島は橋脚をつくるのに安定した地になることはいうまでもない。

今日の宇治橋を東方へと渡るとすぐ南側に橋寺放生院があって、境内に宇治橋碑が立っている。本来の碑の立っていた場所からはそう遠くはなかろう。宇治川の右岸に碑があったとみると、大和のほうから来る人を意識して建立されたのであろう。

今日は碑の上部四分の一ほどがのこり、他は復原した碑が立っているのだが、幸なことに碑の全文が南北朝時代に作られた『帝王編年記』に古く写され、現存個所の銘文と一致することから、宇治橋碑の全文がわかる。碑文は三行からなり、中央の行に「世有釋子名曰道登　出自山尻　恵満之家　大化二年　丙午之歳　構立此橋　済度人畜」とある。「釈子」は釈迦の弟子、つまり僧侶のこと。僧侶である道登は山城（山尻は山背に同じか）の恵満《えまん》の家の出身で、「大化二年」それは丙午《へいご》の歳だがこの橋を作り人畜を済度したという。

人畜とあることから人だけでなく牛馬も渡ったのだろう。「済度」は川を渡るのをたすけることと、人々をすくうことを兼ねた表現であろう。

この碑は、道登が作ったこととそれが大化二年だったことの二点をいうための碑である。

ただしこの碑文中の「大化二年」は橋の作られたのがいつかをいっているので、碑の建立の年ではない。碑の建立については七世紀末から八世紀とみる人がいるし、なかにはさらに下げて延暦年間とみる人もいる。これらの研究史については和田萃《あつむ》氏の「道昭と宇治橋」に詳しい（『藤井寺市紀要』第一一集）。

先ほど『日本霊異記』に道登についての記載があると述べた。少し詳しくみると「高麗の学生《がくしよう》（留学生）道登は、元興寺《がんごうじ》沙門なり。山背恵満の家より出る。往にして（昔のことだが）大化二季丙午に宇治橋を営む」（後は略す、原文は漢文）とある。

この文について『宇治市史』（第一巻）の「交流路の発達」の項で、〝山背（原文は山尻）以下の文は宇治碑の碑文によって書かれた〟と述べられている。同感である。さらに続けて〝『日本霊異記』は弘仁十四年（八二三）ごろに編集をおえているので宇治碑はそれ以前に存在したことは確である〟とも述べている。この項は歴史地理学者である足利健亮氏（故人）の執筆であり、これにも賛成である。

ところで宇治橋の建設者について道登とは別の人であることを述べた史料がある。

それによると百済からの渡来系の氏族の船《ふね》氏は河内国丹比《たじひ》郡に本居があった。その船氏から出た僧に道昭（道照とも書く）がいる。文武天皇四年（七〇〇）の三日に物化（死亡）して火葬をうけており、『続日本紀』が道昭の詳しい伝記を載せている。以下これを「卒伝」とする。「卒伝」ではこの火葬について「天下の火葬、此れよりして始まる」と述べているが火葬はそれ以前にもあった。

「卒伝」では、道昭は白雉四年に遣唐使として中国に渡り玄奘三蔵に師事したことなどを述べ、〝後になって天下を周遊して路傍に井を穿ち、もろもろの津済に船を儲けて橋を造る。すなわち山背国の宇治橋は和尚の創造する所のものなり〟と述べている。

しかし、道昭は「卒伝」では七二歳で死んだとなっていて、宇治橋碑にある橋の建設された六四六年には一八歳であり、難工事の推進者となることはむずかしいだろう。宇治橋碑と道昭の「卒伝」とは、宇治橋についての年代の異なった建造を伝える別々の出典にもとづいた史料とみるほうが自然であろう。

舟橋と山崎橋

宇治橋のことを書いたので、古代の主要な橋である山崎橋についても述べておこう。

まず、「卒伝」の宇治橋建造の文をもう一度みよう。「諸の津済の処に船を儲けて橋を造る。すなわち山背国の宇治橋は和尚の創造する所なり」とあって、川に船を並べてそれを繋いだ船橋（舟橋）だったのではないかと解される。津は港のこと。この場合は川津としての宇治津であり、済は渡のことで津渡という言葉もある。渡を済の字であらわすことは

『播磨国風土記』の冒頭にある高瀬済に例がある。

船橋には橋脚はなく、川に浮ぶ橋であって戦にさいして急ごしらえに船橋をかけることがある。道昭が宇治でかけた橋を船橋とみてよいのであれば、その頃は宇治川に橋のなくなっていた時期だったのだろう。前に木造の橋の耐久性について橋梁工学の専門家から五〇年はもたないとうかがって驚いたことがある。

また、『行基年譜』によれば、神亀二年（七二五）に行基が山崎川（淀川支流か）に来たとき船がなくてとどまった。河のなかに大きな柱がのこっていて土地の人に聞くと昔大徳（道昭）が渡した橋の柱（橋脚）だと聞き、行基も山崎橋を作ることを決心しついに果したという。この伝承が確かなら、山崎橋の方は橋脚を伴う橋だったが、これも半世紀はもたなかったのであろう。

山崎橋は宇治橋とともに名高いが、平安時代にも度々損壊して橋のない期間があった。一例をあげると一条天皇が石清水八幡宮に詣でるとき、数百艘の舟で舟橋をつくって渡っている（『日本紀略』）。このように橋のない時期には渡や舟橋が使われていたのである。

上毛野の佐野の舟橋

『万葉集』第一四巻におさめられた上野国の歌によって上毛野《こうずけ》（上野）の佐野にも舟橋の

あったことがわかる。「上毛野佐野の舟橋取り放し親は離《さ》くれど吾《わ》は離《さか》るかへ」（三四二〇）

佐野は高崎市の南方の烏川《からすがわ》左岸の地で、今日も上佐野、下佐野、佐野窪などの町名がのこる。高崎市に合併になる以前の佐野村である。烏川は利根川の上流である。佐野は古くから水陸交通の要地であった。山ノ上古墳（碑も）の主である黒売刀自《くろめのとじ》の祖父の健守命《たけもりのみこと》が定めた佐野三家《みやけ》のあった土地である。

三家《みやけ》は屯倉のことと一般的には理解されている。屯倉というと米の生産に重点のあった土地を連想するが、この場所の三家はそうではなく、水陸交通を利用して物資の集散地として栄えたマチとぼくはみている。先ほどぼくも簡単に〝三家は屯倉のこと〟といってしまったが、三家の「み」の御を三井や三浦などの例からみて御井や御浦の「み」とみると、水田のひろがる土地を連想するよりも交易や交通の拠点としての「倉庫群」だったのであろう。

「佐野三家《みやけ》」という表現は、六八一年建立の山ノ上碑文にあるだけでなく、それより四五年後に建立された金井沢碑の碑文にも「下贄郷高田里三家」とある。二つの碑が示す半世紀間に佐野のマチは発展し下佐野（贄）と上佐野に分かれたのであろう。余談になるが、下佐野よりやや下流に倉賀野《くらがの》があって江戸時代に河川交通と中山道の交わる要地であった。

倉賀野は古代には佐野に含まれていたと推定されている。ぼくは佐野三家の伝統がのこったものとしてみている。

佐野三家より山ノ上碑や金井沢碑のたつ信仰上の重要な土地などへ行くためには烏川を渡らねばならない。おそらくその便のために舟橋がこしらえられたのであろう。先ほどの万葉の歌では、〝舟橋を取り放すように、親は自分たちの仲を裂《さ》くけれども吾は裂かれるものか〟の意味であろう。

また、山城の泉河《いずみがわ》(木津川)の樺井渡瀬《かばいわたせ》には、毎年九月上旬に仮橋を造り翌年三月下旬に壊す慣習があった(『延喜式』雑式の項)。これは一種の舟橋とみられるし、この仮橋は京都府八幡市と久御山町境を流れる木津川にある今日の流れ橋にうけつがれているのであろう。

道登と高句麗の大同江の大橋

宇治橋について、時代を異にする建立推進者として高句麗への留学経験のある道登と唐への留学経験のある道昭とをみてきた。僧侶が橋の建立を含め土木事業をおこなうことは、道登と道昭のあと行基、萬福《まんふく》、忍性《にんしよう》、重源《ちようげん》などへとうけつがれてゆく。行基や忍性それに重源には説明はいらないが、萬福は河東化主《かとうけしゆ》ともよばれ、河内安堂《あんどう》の家原《いえはら》に橋をかけようとして家原の知識（信者たち）に大般若経の写経をすすめ、その経が現存している。

　道登が高句麗での留学生だったという伝承は重要である。というのは大河にかかる橋の古い時代の遺構があるのは、高句麗の都のあった平壌だからである。平壌東方の大同江の右岸には、壮大な山城としての大城山城《だいじょうさんじょう》の遺跡があり、山城のある山塊の麓の低地には安《あん》鶴宮《かくきゅう》跡もある。さらに大同江の少し下流の右岸には平壌にあった古い王城と推定される清岩里《せいがんり》土城《どじょう》跡などが集中している。

　安鶴宮跡から南へ向って最短距離で大同江に至った地点は清岩里土城跡から大同江右岸ぞいに少し遡ったところでもあるが、大同江のなかに橋脚と推定される木柱ののこっていることが注意され、調査がおこなわれた。一九八一年のことである。

　調査の結果、長さ三七五メートルの橋だったことがわかり、一つの橋脚は三本の木柱で作られ、橋の幅は約四・五メートルと推定された。この橋は四世紀から五世紀初めに建立されたとみられているが、大きな川にかかる橋としては東アジアではもっとも古い。ぼくは一九八六年の北朝鮮の訪問にさいして、大城山城跡や安鶴宮跡とともに大同江の橋遺構の見つかった地点にも行くことができた。

　大同江の左岸を少し行くと真坡里《しんはり》古墳群があって、その一〇号墳（方墳）は高句麗の始祖王である東明王（朱蒙）陵という伝説を古くからもっており、古墳にともなったと推定される広大な定陵寺跡がある。すでに別に論じたことはあるが、本来の東明王陵ではなく高句麗の都の南下とともにこの地に東明王陵を移築もしくは新築したものであろうとぼくはみている。わが国の神武陵なるものを考える場合にも定陵寺を含む伝東明王陵は参考になるとみたのである。

このように高句麗が大同江に架橋したのは、平壌遷都にさいしてかあるいは遷都計画のあった時点とみられ、さらに架橋の目的の一つに、移築もしくは新築された始祖王陵を訪れることがあったのであろう。以上の高句麗の遺跡については、東潮・田中俊明両氏の『高句麗の歴史と遺跡』を参照してほしい。

再び宇治橋と大化の元号

以上、橋についての記述が長くなったが、ぼくは道登による宇治橋の架橋は、近江の大津宮に視点をあわせてみると史実と考えてよいとおもう。ただしそれが「大化二年」だったかどうかは別問題とみている。建立の年代は大津宮が計画されたときかあるいは大津宮のあった初期とみている。六七〇年の前後であろうか。

道昭の宇治橋建造も史実であろう。宇治橋碑の碑文が六朝《りくちよう》風の筆勢で記されていることは多くの人の説くところであり、唐への留学経験のある道昭の筆とみる説もある。おそらく第二回めの宇治橋は道昭の死んだ七〇〇年よりも前におこなわれ、すでにみたように卅橋であったとみることもできる。そのため道登を顕彰するだけでなく、このような国家的事業をおこなった天智の事跡が「大化」であったことも周知させようとしたようにぼくは感じている。要するに「大化」の元号は孝徳や天智の在世中にはなかった。天武か持統のときに追使用されたとみられる。

前に白雉と朱鳥を例にとって元号を改める契機をみた。「大化」が異質であることをいうためにもう少しほかの例をみておこう。大宝元年は対馬嶋《つしまのしま》が金を献上したことによっている。それにともない対馬嶋司や郡司らが封戸《ふこ》、田、位などをあたえられている。だが後になって対馬での産金はまったくの虚報だったことがわかる。ただし対馬では銀はとれ、平安時代中期の大江匡房《おおえのまさふさ》が著したとみられる『対馬国貢銀記』は名高い。

また、七〇四年五月に西楼の上に大瑞のしるしとしての慶雲があらわれたので慶雲に改元している。七〇八年には武蔵国秩父郡が自然に成《な》れる和銅（自然銅のことのようである）を発見して献《たてまつ》ったので慶雲五年を改めて和銅元年にしている。七一五年八月に左京の人・高田首久比麻呂《たかだのおびとくひまろ》が霊亀を献じたので霊亀に改元した。七一七年に元正天皇の美濃行幸にさいして、多度山《たどやま》で醴泉《れいせん》が出、老を養うことができる大瑞として養老に改元した。七二四年には前年九月に左京の人・紀朝臣家《きのあそんいえ》が白亀を献じたので養老八年を神亀元年にした。七二九年は長屋王の変があり、その変を鎮めたあとの八月に図負《お》える亀が献上されたとして天平元年としている。亀出現を大瑞とはしているものの、天平の字づらから長屋王の変がいかに衝撃的だったかを示している。

以上のように大宝から天平までをざっとみても、改元の契機は金や銅などの鉱物や醴泉、珍しい亀の発見などにもとづいていて、「大化」はやはり異質の建元とみてよかろう。

第三章　「人」の見方

1 『古事記』の構造

『古事記』は日本人が書いた最古の歴史書である。天皇家のことを述べているといわれるが日本の国々についてもふれている。そこでは日本の国の成立についてどのような骨組で語ろうとしているのか。それと筆者の太安万侶についても考古学的にどこまで実在が証明できるのか、さらに太氏とはどのような氏だったか、などについてまず述べてみよう。

太安万侶とその墓

記紀をはじめ『続日本紀』以降の正史には神名と人名が次々にでてくる。八百万《やおよろず》の神という言い方があるように、古代人は海や山、太陽や月、雷や風などの自然にあるもの、あるいは自然現象に無数といってよいほどの神々を想定した。

神々にも、男女の神があり、生殖行為で子を生むこともあるし、あるいは死んで葬られることもあって、人に共通した生涯を送るものとして神話では神々が描かれている。ぼくは日本の神々について関心はあるもののゆっくり考えたことはなく、ここでは人についての初心にもどって整理してみよう。

和銅五年（七一二）正月二十八日の日付のある『記』の序文は、正五位上勲五等の太朝臣安万侶が書いている。安万侶は『記』だけではなく『紀』の編者でもある。簡単に記紀の編集というけれども、今日のように図書館やコンピューターのない時代のこと、大事業であっただけでなく、個人の能力も卓越していたのであろう。

『記』の序文は「臣安万侶言《もう》す」の堂々とした文で始まる。安万侶は『記』にあらわれた最初の人でもある。安万侶は安麻呂と書くこともあるが、自らは安万侶を使っていたようである。没年もわかる実在の人であるだけでなく、一九七九年には奈良市此瀬町《このせちょう》の茶畑で火葬墳墓が見つかり、銅板に太朝臣安万侶の文字を刻んだ墓誌がともなっていて世間を驚かせた。

此瀬町は田原の里の一部で、平城京に住んだ光仁《こうにん》天皇の陵に指定されている田原塚ノ本古墳（中型の円墳）をはじめ官人たちの墓地域だった。火葬については先に道昭の火葬についてふれたけれども、安万侶の火葬も官人としては早いほうで、その墓もすでに古墳といえるほどの墳丘はつくらない、墳墓という形のものである。その当時、貴族や官人たちのすべてが火葬を採用したわけではなく、その意味からも安万侶の思想の一端がわかる。

安万侶の墓誌は長方形の銅板で、銘文は縦二行になっている。「左京四条四坊従四位下勲五等太朝臣安万侶以癸亥（以上一行目）年七月六日卒之　養老七年十二月十五日乙巳」『続日本紀』では「養老七年秋七月庚午（七日）。民部卿従四位下太朝臣安麻侶卒す」とあって墓誌とは一日のずれがある。また、死んでから墓へ葬るまで五ヶ月ほどかかっている。それにしてもこの墓誌は、被葬者の住所、位と勲功、姓名、卒した日、葬った日などだけを書いた素気ない文で、記紀の編述などの功績にはふれるところがない。そのことからもかえって安万侶の人格が偲ばれる。なお養老七年（七二三）の干支は癸亥年である。

ところで太安万侶の父は、壬申の乱のとき大海人側の将軍として活躍する多臣品治《おおのおみほんじ》であったと伝えられているから、多と太はおきかえられることもあったことがわかる。乱が終ったあと、天武天皇の十三年（六八四）に君や臣の姓《かばね》をもった五二氏が朝臣をあたえられたなかに多氏もいた。

　奈良県田原本町に式内社としての多《おお》神社がある（次頁図版）。天平二年（七三〇）の「大倭国正税帳」の十市郡の項には太神戸《おおのかんべ》が一〇六九〇束九把の稲の収穫のあったことを述べ、ヤマトの国中《くんなか》で抜群の社格と経済力をもっていたことがわかる。太神戸とは多神社の神戸《かんべ》のこと、ここでも太と多のおきかえがわかる。

奈良県田原本町にある多神社

（田原市教育委員会提供）

多神社の境内周辺には弥生土器、小型の銅鏡、銅剣の破片などが点々と出土し、まだ広範囲の調査はおこなわれたことはないが、弥生時代に拠点集落（母村ともいう）のあったことが推測されている。この地はのちの十《と》市《いち》郡飫《お》富《ふ》郷《ごう》の中心であろう。飫《お》富《ふ》は太や多の二字表記である。

多神社の北西は田原本町となる前は多《おお》村《むら》矢《や》部《べ》であり、矢部の水田のなかに直径約三〇メートルの円墳の団栗《どんぐり》山古墳があって、一九三七年に土砂採取工事中に遺物が出土した。龍文を配する環頭をつけた大刀や各種の馬具にまじって蛇行状《だこうじょう》鉄器があった。

蛇行状鉄器は、馬上の戦士が馬の尻に旗飾りを立てるための鉄製品であることが埼玉県行田市にある酒巻一四号墳出土の馬形埴輪の造形からわかっている。『紀』の欽明十四年の条に、百済と高句麗との戦で「鐃《ぎょうさ》挿せる者二騎」の記述がみえる。鐃《ぎょう》とは蛇行状鉄器にとりつけた旗のことであろう。馬に乗った武将のもつ典型的な武具である。

一緒に出土した須恵器からみて、六世紀後半の副葬品である。多の地に安万侶の父である品治《ほんじ》より数世代前に、すでに朝鮮半島の乗馬具と共通した武具をもつ人物がいたことは、品治や安万侶を考えるうえで参考になる。多には拠点集落があるだけでなく、下つ道から斑鳩《いかるが》のほうへと向う太子道の分れる地点で、交通や経済のうえの要地であり、付近に渡来系の秦氏が居住していたらしいことも見逃せない。

『古事記』序文の人(神)名と時代区分

次に『記』の序文にでている人名に注目したい。序文では人名までは書いてはいないが、序文の第一段に「陰陽斯《ここ》に開けて、二霊群品の祖と為《な》りき」の文がある。このなかの「二霊」は、『記』の本文中の神話(『紀』にもある)にでてくるイザナキ命とイザナミ命をさす、というように、普通名詞のように見えて特定の誰かをさす場合がある。この序文を読んで、この二霊がイザナキ命とイザナミ命の二神だと当時の教養のある人々はわかったのであろう。

一方、「夢に覚《さと》りて神祇を敬い」の文もあって、これだけで崇神天皇だとどれだけの人がわかったのだろうか。こうした人名の指示のしかたも古代人、とくに為政者層の人びとの教養というか共通の歴史知識を知るうえでは重要だが、ここではこのように事跡だけを述べて特定の人名を連想させる場合は省いて、人名の表記された例をみてみよう。

たとえば、「初めて高千嶺に降」った番仁岐命、これはホノニニギ命のことで番能邇邇芸命と本文では表記している。「番」は呉音ではホン、それを応用したのだろうか。これが『記』に二番めにあらわれる人名である。次《つい》で神倭天皇、イワレ彦のこと、この人名についてはもう一度序文のなかで神倭伊波礼毘古天皇としてあらわれる。

この序文の書かれたころは、後に述べる漢風諡号《しごう》としての「神武天皇」という呼称はまだ創作されていなかったけれども、神倭天皇という表記が使われているのも注目される。漢風諡号を定めるさい、地名の「倭」よりも東遷の征服行為を重視して「武」にしたのだろう。

序文の中段では、『記』の選録の発端を書いている。

よく知られたことだが、『記』の本文が扱う最後の天皇は推古天皇である。ところが序文の中段では、飛鳥清（浄）原大宮に大八州《おおやしましら》御しめしし天皇（天武のこと）の壬申の乱を大きく取りあげ、天皇は即位のあと、潭《ふか》く上古を探り鏡のように輝かせて先代をみようとされたとある。つまり国家が歴史編纂事業を始めたということだ。

それに先立って天武が抜擢したのが姓《せい》(この場合は氏名《うじな》)は稗田《ひえだ》、名は阿礼という舎人で、その時二八歳だった。稗田阿礼のことだが、阿礼についての記録はこの序文のなかの説明だけがのこる。天武は阿礼に命じて、帝皇日継《すめらみことのひつぎ》と先代旧辞を誦《よ》み習わせたが、天武の死後『記』はまだ完成していなかった。

稗田阿礼については史料が乏しいので、推測するほかない。これについてぼくが手懸りとおもうのは、稗田という地名が大和郡山《こおりやま》市にあることである。今日も稗田は典型的な環濠をもつ集落としての景観を保つことはよく知られている。ヤマトでいう垣内《かいと》集落である。垣内とよばれる環濠集落の原形は中世までは遡るとされるが、それ以前にも集落はあったであろう。壬申の乱にさいして、大海人側の大伴連吹負《ふけい》が下つ道を北上したとき、稗田を通ったという記述がある(『紀』)。

ところで稗田から真南へ一二キロいったところが先ほどの多の集落である。ということは奈良盆地を南北に貫くヤマト三道のうちの下つ道を利用すると、稗田と多とは地縁関係で結ばれていたとみてもおかしくはない。したがって、もし稗田と多がそれぞれ阿礼と安万侶に関係した土地であるとすれば、天武の勅命をまたずとも両者は知りあっていた可能

大和郡山市の稗田環濠聚落図

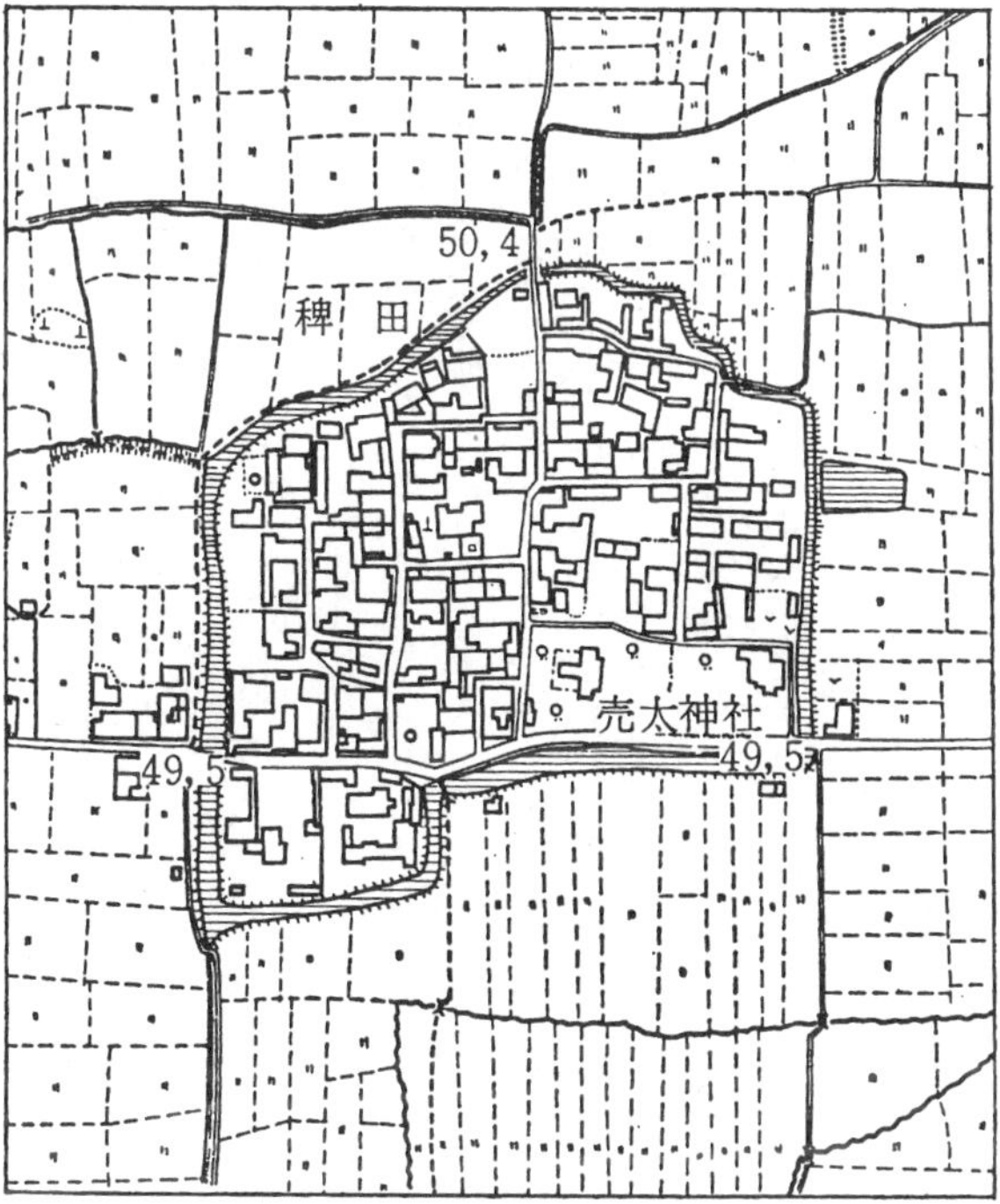

（秋山日出雄「環濠・村・稗田」『日本古代遺跡便覧』社会思想社より）

性もある。

序文の第三段では『記』が三巻となった構成にふれている。天地開闢《かいびゃく》よりはじめ小治田《おはりだ》（推古）の御世までを扱うのだが、天御中主神《あめのみなかぬしのかみ》よりウガヤフキアヘズ（鵜草葺不合）命までが上巻、イワレビコ（神武）から品陀《ほむた》（応神）の御世までを中巻、大雀皇帝《おおさざきのみかど》（仁徳）から小治田大宮（推古）までを下巻としている。

安万侶は、天皇を中心として叙述する場合、下巻と中巻、中巻と上巻のあいだに大きな節目があることを想定したのである。

一方、考古学の古墳研究では、応神陵となっている誉田山《こんだやま》古墳と仁徳陵となっている大《だい》山《せん》古墳のあいだに連続性を考え、どちらも中期古墳に編年している。つまり、『記』の区分のしかたとは違いがあるわけだ。このことも考古学から歴史を考えるうえでのヒントをあたえてくれるだろう。

出自でいえば応神は北部九州の筑紫で生れ、母の神功皇后の軍事的な東遷行為によって近畿入りを果たしている。このことに安万侶は重きをおいたのであろう。

2 倭人＝「呉の太伯」の後裔伝承の重要性

「倭人」とは中国人からみた日本列島人である。中国人は倭人と中国人の関係についてどのような考えをもっていたのだろうか。その点に関して倭人とは呉の太伯の子孫だという考えは重要で、それを理解するために、中国での呉、それと太伯なる人物にふれておこう。また古くから太伯と日本での始祖王である神武天皇を結びつける考えもあって、それらの説についても理解しておく必要があるだろう。

倭人と文身――「華中の王」始祖伝説

倭人について、記紀には直接ふれられていないことがある。それは天皇家を含め倭人の先祖を考える場合の基礎史料に関してである。それは『魏略』が倭人の風俗としての文身（＝刺青）にふれた文につづいての以下の説明である。

倭人の「旧語を聞くに、自ら太伯の後という。昔、夏后小康《ママ》の子が会稽に封ぜられ、断髪・文身をしてもって蛟龍の害を避けた。今の倭人もまた文身をして、水のなかでの害を厭《おさ》えた」。

これは唐代にできた『翰苑《かんえん》』に引用されているいわゆる『魏略』逸文のひとつである。『翰苑』は中国で早く失われ、日本の大宰府に伝わっていて番夷部《ばんいぶ》に該当の個所がある。『魏志』に『魏略』の記載を下敷きとして執筆された個所があることはよく知られているが、以下に問題の個所を説明しよう。

『魏志』は『魏略』のこの個所について「その旧語を聞くに自ら太伯の後という」の文を省いたのにもかかわらず、「昔、夏后少康の子が会稽に封ぜられ、断髪・文身をしてもって蛟龍の害を避けた」はそのまま用いた。そのために『魏志』だけを読むと意味が通じにくくなっている。

そのあと『魏志』では「今の倭の水人は好んで水中に沈没し魚や蛤を捕る。(そのため)文身をして大魚や水禽(の害)を厭《はら》った」と、文の表現を少しかえている。

ぼくが読むと『魏略』のほうの〝蛟龍の害を避けた〟だけのほうが水人の実態に近く、『魏志』の〝文身をして大魚や水禽を厭った〟とあるほうが水人の実態からは遠のいているようである。

『魏志』ではそのあと文身について「後にやや飾となす。諸国の文身各異なり、あるいは左にあるいは右に、大きかったり小さかったり、尊卑（身分）によって差がある」という文章をつけ加えている。

洛陽にあった魏の宮廷にでかけた倭人の使者たちは、自らを大夫と称して中国側を驚かせた。大夫とは高級官僚のことで、諸侯に次ぐ地位の役人にたいする中国での呼称であった。しかし、そのことにたいして、魏のほうでも倭人の尊大さを非難するどころか、原文とみられる魏の皇帝が倭の女王にあたえた詔書のなかで「汝の大夫難升米・次使の都市牛利」とよびかけている。このことは魏のほうでも倭人が大夫と唱えることを認めたことを表わすとぼくはみている。

詔書によると、難升米《なんしようまい》は中国の率善中郎将に、次使の都市牛利《としごり》も率善校尉に任命され、それぞれ銀印を与えられた。それほどの人物さえもが文身をしていたことを中国側は奇異と感じ、何らかの説明がいると考えたのであろう。しかし、文身を倭の水人の風俗として説明してきただけでは大夫などの倭人の使節がしている文身の説明にはならない。そのため「後にやや飾となす」の文章を付加したのであろう。そういう意味では、『魏略』と『魏志』の微妙な文章の違いに重要なヒントが秘められている。

『魏略』の問題の個所を少し説明しよう。「倭人の旧語」とは倭人のもっていた伝承といいかえてよかろう。その伝承とは〝自分たちは太伯の子孫だ〟というものである。

太伯（泰伯とも）とは呉（ここでは春秋時代の国名）の太伯ともよばれるように、華北の禹《う》の後裔、つまり夏王朝の少康皇帝の庶子が〝会稽に封ぜられ、文身・断髪をして以って蛟龍の害を避く。後二〇世にして勾践が王を称するに至る。〟（『漢書』「地理志」の「粤《えつ》地の条」、粤は越に同じ）にもとづく。

さらに『史記』の呉太伯世家の項でいう〝周の太王の長男の太伯が弟に政権をゆだね、自らは荊蛮《けいばん》（古代中国の地域の差別語。主に華中）の地に落ちのび、（荊蛮の風俗としての）文身、断髪をし、そのため（呉の）王となって呉の太伯といわれるようになった〟という。なお〝世家〟は、代々続いた有力者のこと。

いずれにしても太伯は中国の伝承上の人物だが、漢人のいた華北にたいして、漢人とは異なる風俗である文身・断髪をした異民族のいる華中の王の始祖伝承であり、倭人＝日本人はその子孫だというのである。

ところで中国の主要穀物は、華北は陸田（日本でいう畠）の作物としての粟が中心、少しのちになって麦が加わった。それにたいして華中と華南は水田を営み稲作が主である。また会稽は華中にあった越人の中心的な地域名で、越国の都が浙江省の紹興にあったこともある。

少し後のことではあるが、日本からの遣唐使やその後の倭人の商船は会稽の外港としての寧波を目ざすことがよくあって、会稽は古代や中世の日本と中国とを結ぶ最重要な航路の発着港のあったところである。以下会稽を含む華中の主要部を、江南という地域名でよぶことにする。

江南とは長江（揚子江）の下流の南の地域。中国の統一国家の中心にはなりにくかったが、生産力は高く、文化も中国をリードした地域である。余談になるが、古墳時代の日本列島で大量に製作された三角縁神獣鏡の諸要素を生みだした故郷である。

このように考えると、『魏略』のなかで強調されている倭人の先祖を太伯だとする伝承とは、日本人の出自を日本列島外、それも華北でなく江南に求めようとすることであった。その江南は呉越文化の地といってもよいが、倭人に重点をおくと、より越文化が強烈に反映していたといってもよい。

百越《ひゃくえつ》という言葉があるように、中国側の東シナ海から南シナ海の沿岸部には越人系の人びとが帯状に群居していた。今日のベトナムも漢字で書くと越南であることをおもうと、その範囲の広大さはわかるだろう。ぼくが別の機会に論じたことだが、越人と倭人は漢民族の地域にたいして共同行動をとることもあったし、文身・断髪を含め共通の習俗をもっているとみられていた（「倭人と江南の地」の項、『考古学と古代日本』所収）。

記紀の基本構想としての「神武東遷」

　ここで、中国とのかかわりの深かった九州島からヤマトへの人と文物の移動を示す「神武東遷」説について検討しよう。

　記紀の骨組では、まず大地が神々によって作られ、次にイザナキとイザナミの男女二神の結合によって、大小の島々からなる日本列島、とくに西日本の主要な土地が生みだされた。さらに海の神、山の神、水源としての水分《みくまり》の神、木の神、野の神、火の神など、人間生活にとって必要なものを司る神々も次々に生れ、高天原《たかまがはら》という所在地不明の土地での神々の生活が続いた（『紀』のほうでは本文ではなく一書に高天之原としてでている）。

　高天原での神々の生活にもやがてトラブルがおこり、天照大神は天石屋戸《あまのいわやど》にかくれ高天原は光を失い、そのこともあって移住先を探すことになり、スサノヲ命によって出雲が開発される。スサノヲの子孫に大国主命がでて、記紀ともに出雲神話が展開する。しかしついに高天原勢力の圧力によって大国主命は出雲の支配権をゆずることになる。

　このように高天原からの移住先は出雲だとして記紀神話は語られるのに、幼少の天孫（天照の孫）であるホノニニギ（番能邇邇芸命）が主要な神々とともに天降ったのは出雲ではなく九州島の日向《ひゅうが》高千穂峯であった。記紀神話の骨組では、高天原から移る唯一の候補が出雲だったのにもかかわらず、その理由にふれることなく日向が登場する。

出雲とは何かにも重要なヒントはありそうだが、話を続ける。日向ではニニギ、ヒコホホデミ（山幸彦）、ウガヤフキアヘズの三代がつづく。この三代はすでに神としてではなく人として描かれていて、それぞれを葬った土地も記述のうえにはあらわれる。

そしてウガヤフキアヘズの第四子がイワレ彦（＝神武天皇）で武装船団をひきいてヤマトへの東遷を果たす。記紀の骨組みの根幹部分である。ただし神倭磐余彦天皇と書かれているのは、東遷後の行動から生れた名である。

ぼくは今まで簡単にいうためにイワレ彦とよく使ったが、磐余はヤマトの地域名であるから、日向にいた（もちろん記紀の記載のうえでの）ころの人物名ではない。『記』に若御《わかみ》毛沼《けぬ》命とか豊御毛沼命の名を神倭伊波礼毘古の別名にしているが、これが九州にいたころの名であろうか。

『紀』の本文では、イワレ彦はまず「神日本磐余彦尊」としてヤマト入り後の人名ででており、それにつづけて諱《いみな》（実名）は彦火火出見《ひこほほでみ》とされている。『紀』の第一の一書では「狭野尊《さののみこと》」の名をあげ、年少時の号なりとし、天下、つまり大八《おおや》洲《しま》を平らげたあと「神日本磐余彦尊」となったと丁寧に説明している。

さらに第四の一書には、誕生の順は違うが「磐余彦火火出見尊」としている。これは先にあげた『紀』の本文にあった二つの名を合わせたのであろう。今回はふれる余裕はないが、伝承上のこととはいえ日向時代の〝後の神武〟についての名を工夫する必要はある。「毛沼命」か「佐野命（尊）」のどちらかを使ってもよいが、まだそれでは馴染まないようにおもうので、以下も便宜上イワレ彦にする。

くどいようだが記紀の骨組みは次のようになる。

①神々の生活が高天原ではじまる。高天原の所在地は明示されていない。大八島ではなく、列島外を想定していたかとおもうが、読む人の想像にまかせたという筆の運びである。

②高天原から天孫や神々が天降って日向の高千穂峯に至り、日向の地で天皇家の祖先として神から人への脱皮期を送る。八世紀初頭より前の日向は、大隅や薩摩を含む南部九州のことである。

③イワレ彦の主導によって日向からヤマトへの東遷を果たし、神武天皇の即位となり以後代々の天皇が大八島の国々を支配するという例がひらかれる。

日本神話の骨組みの大切さ

何故ここまで記紀の骨組みなるものを整理したかはぼくの長年の体験とも関係がある。ぼくの考えでは、記紀はかけがえのない貴重な歴史書であり、少年のころからの愛読書でもある。史実だけを伝えたものではないのはもちろんのことだが、天皇家や政権を支える有力な氏の家に八世紀初め（それ以前にも）にそのような伝承（前述の①～③）があったか、あるいはそのような伝承を採用するほうが伝承を生かしながらの歴史叙述を進められると考えたのであろう。伝承も重要な歴史遺産とみなすべきは当然である。

だが、戦後の歴史学界には、神武東遷には一切ふれないという暗黙の了解があった。とくにふだん文献史料にあまりなじみのない考古学者たちは〝神武東遷〟の伝承を口にするだけでも科学的でないとするおもいこみがあった。

ぼくのように古代学を努力目標にする者にはそのような逃避は許されない。というのは考古学資料のなかにも、九州島からの文物の東進、東漸をおもわせるものは少なくない。文物の動く背景には人がいることはいうまでもない。

戦前には初期の弥生文化を遠賀川《おんががわ》式土器の文化といって、その系統の土器が日本列島を東進することは重要な研究テーマであった。ちなみに遠賀川は、豊前《ぶぜん》と筑前の国境近くを流れる川で、その地名を初期弥生土器の標識名にした。遠賀は一字表記では崗《おか》、河口の港の名でもあり、地域としての郡名でもあり、由緒の古い地名である。遠賀川式土器や文化の用語は昭和三十年代までは使われたが、そのあと弥生土器研究が細分化されるにともない用いられなくなった。

また、日本の古墳文化の特色の一つといってよいのは古墳時代人が銅鏡を重視したことである。それらの銅鏡に「漢鏡」でなく「漢式鏡」という言葉が使われるのは、製作したのは日本列島であっても祖型は中国であることを端的に示そうとしたのである。方格規矩四神鏡や内行花文鏡を例にとって前に説明したように、銅鏡重視の傾向は弥生中期から後期に北部九州、とくに伊都国とその周辺ではじまり、好まれた銅鏡の種類や同型鏡をよく製作するという技術をも含め、古墳時代前期にはヤマトを含む近畿へと銅鏡愛好の地域をひろげた。

そこで思い出すことがある。

ぼくは一九六二年に『古代史講座』第三巻の「古代文明の形成」に「日本の古代文化」を執筆することになった。若い日のぼくには破格の抜擢であったけれども、その論文の構成にとまどった。

学界の主流としては九州島からの文化の東進に言及するだけでも〝神武東遷の亡霊〟などと蔑視されつづけた現状のあったなかで、神武東遷については、どうしても考古学資料が語るものとしていうべきことだと考えた。そこで、ごく簡単なことだが、弥生時代と古墳時代との区分はどうしておこったのだろうか。その根底に北部九州勢力の東進を想定してはどうかと書いた。

この考え方を短絡的に「邪馬台国東遷説」としてみてしまわれたこともあるが、ぼくのその後の研究も加味すると、東遷したのは伊都国などを核とした女王国で、「倭人伝」に一度だけみえる「邪馬台国」は晋に遣使した女王台与《とよ》の国であり、ヤマトでの大型前方後円墳の出現からみても、その頃にはヤマトの国作りの基礎は終わっていたとみている。台与は「臺與」と記されているが、壱与とみる説もある。

福岡県糸島市や奈良県の諸地域での調査研究が日進月歩の勢いであるから、今述べたことについては、細部ではこれからも修正されたり補強されることはあるだろうから、細かいことは省くことにする。それはともかく、先ほど記紀のもつ歴史体系の骨組みとしてあげた①〜③のうち、②、③の伝承に共通した動きが多くの考古学資料のなかにあることを、ぼくは否定しきれないとみている。

記紀神話のなかでも、天孫が高千穂峯に天降ったとする物語は、そのような発想の根底に、倭人の「旧語を聞くに、自ら太伯の後という」中国側の史料が影響しているのではないかと考える。記紀には直接には太伯伝承は述べられてはいないが、高天原という所在地不明の神々（遠い先祖）のいた土地を創作し、そこから集団移住ともいうべき天降りを想定したことは、根底に太伯伝説を知っていたとぼくはみてよいと考える。

宣教師の「神武天皇＝太伯子孫」説

もう一つ、ぼくが不思議におもうことがある。

十六世紀後半から十七世紀前半、俗っぽくいえば織田信長、豊臣秀吉、徳川家康の時代に、ポルトガルやイスパニアからきたキリスト教の宣教師がさかんに日本列島でキリスト教の布教活動をした。そうした宣教師のなかには知識欲が旺盛で、日本人の生活や文化、さらに日本人の起源を含めての日本の歴史に関心をもち、著書や本国への報告書にそのことを述べた人が少なくないということである。

ぼくが大学で教鞭をとっていたころ、大学院生の教育だけではなく、学部の新入生の訓練にも努力した。一年生の基礎演習は七〇歳で退職するまで担当したが、そのさいテキストのひとつにしたのがポルトガルの宣教師ルイス・フロイス（一五三二―九七）の『日欧文化比較』(『日欧風習対照覚書』ともいう)であったし、後述のジョアン・ロドリゲス(一五六一―一六三四)の『日本教会史』をも参照するようにすすめていた。

日本人にとっての太伯伝承については、「日本の古代」シリーズの第一巻として『倭人の登場』を編集するさい、上野武氏に「倭人の起源と呉の太伯伝説」をまとめてもらった。そこには宣教師のもっていた日本人の起源説について詳しく語られているのでぜひ参考にしてほしい。

イスパニア人宣教師のペドロ・モレホン(一五六二―一六三九)も日本と中国に長く滞在した人で、神武天皇について「神あるいは天帝の子孫としている。(中略)彼はシナの一君主の親族で偉人であった。彼はシナで経験した不快を脱し、新しい土地に居住する欲望に動かされて、何ほどかの人々と共にこの島に渡り、三一歳の時に都の近くにある大和の朝廷において君主政治を始めたと記している」(「日本支那見聞録」、牧健二『西洋人の見た日本史』所収による。文の表現は少し変えた)。

モレホンは倭人の太伯伝承があることを知って、もと中国にいた神武が親族とともに中国を脱してヤマトに移り君主となったとするストーリーを作った。その考えとは別に、より精緻にそのことを述べたのが『日本教会史』の作者ロドリゲスである。

ロドリゲスは、まず中国の寧波や福建と九州島の近いことを力説し、そのあと『論語』

のなかの泰伯（孔子はこの字を使った）の記載にふれている。泰伯は生れた華北の国（周）を弟にゆずり、自らは東方（南方のほうがよい）の荊蛮《けいばん》の地へ行って土地の女と結婚し呉国をつくったというのである。

泰伯には子がおらず、弟の季歴の子孫が東方へ向って船出し日本に移り住みその血統の者が神武天皇になったという。さらにロドリゲスは、秦の始皇帝のときの徐福の東来にふれ、徐福は日本列島内に秦王国（『隋書』「倭国伝」）をつくったと述べ、それは神武の七代あとの王（孝元）のときだとしている。

ロドリゲスなどの宣教師は、中国の古典から太伯伝承を知って神武天皇と結びつけたのであろうか。もちろんそれはあり得ることだが、ぼくは次のことも考えてよいようにおもう。

宣教師たちのなかには日本での滞在の長い者もいるし、その場合の日本には九州島も含まれていた。九州島の人びと、とくに豪族層の家には中国から渡来したとする伝承をもっているものもおり、それをも採用したとみられるのである。

ロドリゲスは、先に述べたことにつづけて次のように説明している。九州島のキリシタンの一人の天草氏は「漢の帝王の子孫であり、そのことを誇りとし、彼らの出自を示す書き物（系図）をもっていた。その先祖は、彼らの時代に至るまで、シナにいる彼らの親戚と信書を交換していた」。つまり自らを漢の帝王の子孫とする家伝があったというだけでなく、「彼らの時代」にまで中国人と交流があったというのである。

なお天草氏は東漢《やまとのあや》氏の枝氏のひとつで、先祖は後漢の霊帝としており、子孫からは大蔵種材《たねき》がでて、刀伊《とい》の賊の入寇にさいして博多津の防衛で活躍したことはよく知られている。

太伯は、孔子が『論語』のなかで「子曰、泰伯はそれ至徳というべきなり」と絶賛したけれども、自らの意志で文身をしている。だが、どうも中世の日本人は、神武を至徳の人とすることはよいとして、文身の風俗があるはずとすることを受けいれることはできず、戸惑ったようである。それらのことは先にあげた上野氏の論文を参照してもらうこととし、九州島ではとくに倭人を太伯の子孫とする伝承があったのではないかとする背景について、次に検討してみよう。

3　複数の「倭人」の存在

今日では邪馬台国とか卑弥呼は現代日本人の常識となったといえるほどよく口にされる。だがそれらの原典である倭人伝をきちんと読んだ人となるとわずかである。さらに読んだ人でも倭人伝の部分だけを集めた本でしか見ておらず、『魏志』全体、せめて倭人伝（正しくは倭人条）を含めての東夷伝を通読した人はさらに少ない。

そこで「倭人伝」の記載に接するにあたっての留意点を先に解説しよう。結論をいえば倭人のいた日本列島は東アジアの最果てにあるとはいえ、古代には注目されていた地であり、読めば読むほど気付かなかったことが見えだす。

二つの九州島――華北ルートと華中ルート

現代の私たちは、子供のころから日本地図によって九州島やそのほかの島々を見なれている。そのため一つの大きな島としての知識がすっかり身についている。だが古代人はそのような認識になじんでおらず、船で海を通ったときの印象や陸路を通ったときの経験などの集積がいつしか地理的認識になったと考えられる。

中国人からみた九州島を例にとると、朝鮮半島、とくに楽浪郡や帯方郡のあった西海岸を南下し、対馬と壱岐の二つの島を通って北部九州に至るいわゆる「倭人伝ルート」を介しての九州島観がある。逆に九州島から中国へ行くのには、博多津や末盧《まつろ》（松浦《まつら》）の唐津が出発点として重要になる。

古代には以上の「倭人伝ルート」以外のルートも使われた。『紀』によると雄略の八年に身《む》狭村主青《さのすぐりあお》と檜隈民使博徳《ひのくまのたみのつかいはかとこ》が呉国に派遣されている。この場合の呉《くれ》は三国時代の呉《ご》ではなく、いわゆる南朝のこと、王朝でいえば宋である。「倭人伝」にあるように、華北の魏へ行くには「倭人伝ルート」を使っているのだが、華中にあった宋へ至るにはどのような航路がとられたのだろうか。

身《む》狭村主青《さのすぐりあお》らの南朝への往来は、偶然に発生した事件によって『紀』に発着地を推定できる記述がある。身狭村主らは呉から雄略におくられたガチョウ（鵝）をもって帰ってきたのだが、それを「水間君《みぬまのきみ》」の犬が嚙み殺してしまったというのだ。この話の別の伝えも『紀』には書かれていて、鳥を嚙んだのは嶺県主泥《みねのあがたぬしね》麻呂《まろ》の犬だったともいう。

水間といい嶺といい、どちらも有明海ぞいの至近の地である。水間は筑後川河口に近い

対馬と壱岐を通る「倭人伝ルート」

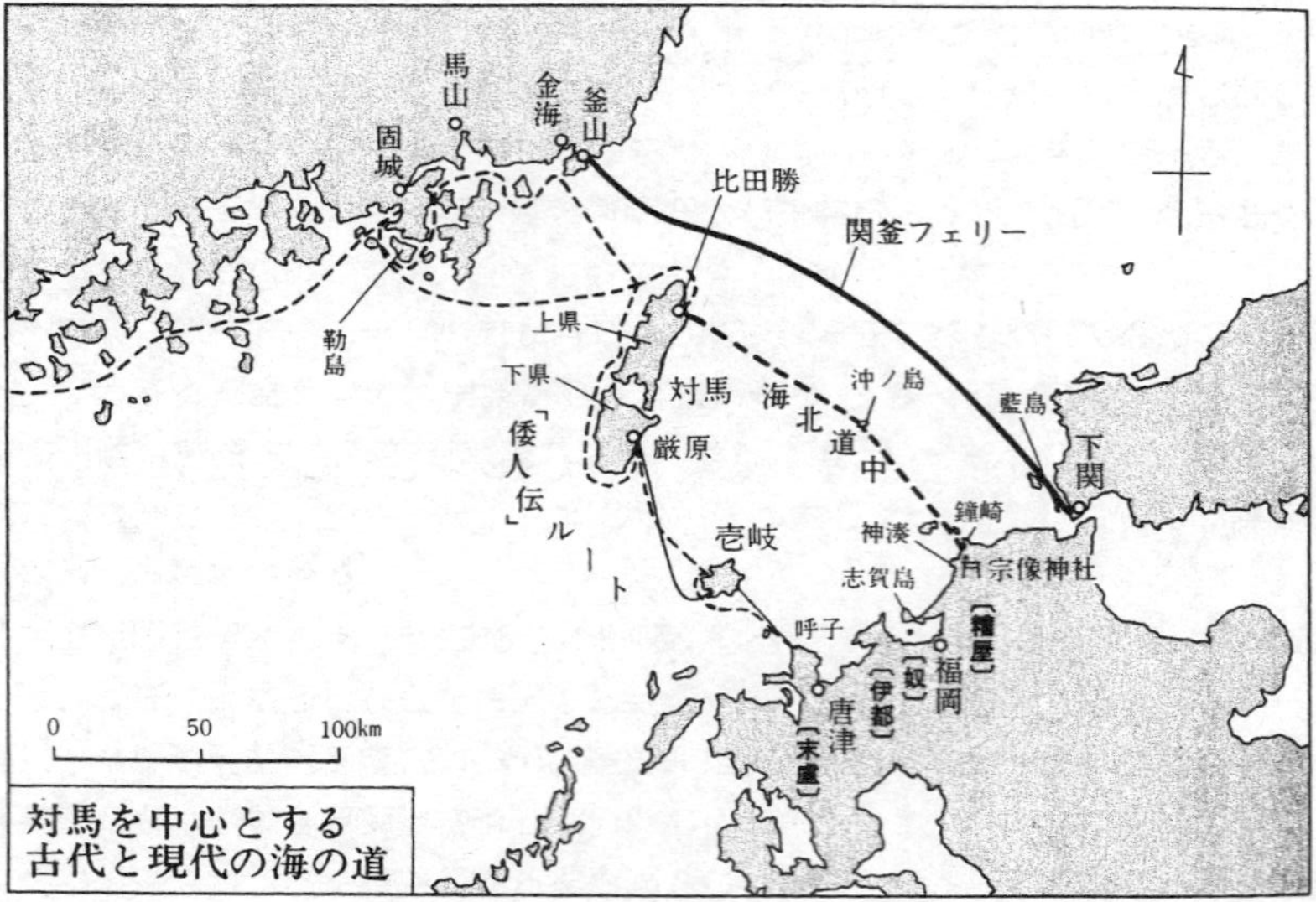

対馬を中心とする
古代と現代の海の道

左岸、のちの筑後側に、嶺は右岸の肥前側にある。いずれにせよこの記述から、有明海から東シナ海を横断して中国へ向うルートがあったことがわかる。

水間《みぬま》は水沼とも三潴《みづま》とも書き、久留米市の三潴《みづま》古墳群にある二重濠をめぐらせた権現塚古墳や、三重濠を配した御塚《おんづか》古墳という大円墳が、水間君の首長墓とみられる。

嶺は峰とも三根とも書き、あるとき肥前国神崎郡の三根の海部直鳥《あまのあたえとり》という豪族が天皇に願い出て神崎郡から三根郡を分置することになったと『肥前国風土記』は述べている。

中世にこの地には神崎荘があって中国貿易の拠点になったことはよく知られているし、その北に隣接している弥生時代の吉野ヶ里遺跡の繁栄を理解するのにも参考となったことは記憶に新しい（「吉野ヶ里遺跡と神崎荘」の項、網野善彦・森浩一『馬・船・常民』所収）。

『新撰姓氏録』によると、牟佐《むさ》（身狭）村主《すぐり》の家系について「呉の孫権の男高《むすこ》の後なり」としていて、有明海と江南貿易に従事したものが三国時代の呉の孫権の後裔という家伝をもっていたことに注目したい。そのような家伝が実際には根拠のとぼしいものであっても、貿易を遂行するうえには役立ったのであろう。

二つの九州人――倭人と東鯷人

倭人が中国の史書にあらわれるのは、人口に膾炙した「楽浪海中に倭人あり、分れて百余国となる。歳時をもって来り献見すという」の一文である（『漢書』「地理志」第八）。西暦前一世紀ごろの状況を述べたものである。

倭人についてのこの個所だけを抽出してみると、中国の周辺にあった諸国家や諸民族が中国と外交関係をもったことを示す一例のような錯覚をうけるが、それは正しくない。

この文は「地理志」の「燕地の条」の最後にある。燕は中国の北東部にあって、今日の北京を燕京ということもあるように、河北省北部から遼東を含め旧満州の南部をさす地域名（国名でもある）であって、韓や倭も燕に属するとみられた時期もある。

「楽浪海中に倭人あり」がつづく前文が実は大切で、その文によって倭人の行動がより一層鮮明になっているのである。その文を要約しよう。

〝燕では、昔箕子《きし》が朝鮮を去るまで礼儀や田蚕織作などを教え、それらのことがよく守られ、飲食にも籩豆《へんとう》（竹や木で作った器）を用いるなどきちんとしていた〞。なお箕子《きし》とは、朝鮮の開国伝説上の殷人《いんじん》で、孔子によって三仁の一人に数えられている。

ところが次第に賈人《こじん》（商人）がはびこるとともに、杯器《ほとぎ》で食事をするようになったり、盗がふえるなどして風紀が乱れた。だから孔子もいったではないか。〝道がおこなわれなくなったのなら、筏《いかだ》を設けて海にでて九夷のところへ行こうではないか〟。文中の九夷は東夷に同じ。

このあと「楽浪海中に倭人あり」以下がつづくのだから、中国からみて倭人の住む土地は一種の理想郷におもわれていたということである。また、それに関連して後段に出てくる「歳時をもって来り献見す」の文も注目される。この表現も『漢書』にざらにある文ではない。なお孔子の言葉に関する部分だが、これに該当するのは『論語』では「道行われずんば、桴《いかだ》に乗り海に浮ばん。我に従う者はそれ由なりや」で、由は弟子の子路のこと。『漢書』「地理志」の「粤（越）地の条」に、もう一つ「歳時をもって来り献見した」人びとの記載がある。それにふれる前に、「倭人伝」とは別の海路、東シナ海横断ルートについてふれておく必要がある。

東アジアの地図をひらくと、江南やその南にある福建から海をへだてて真東に九州島がある。これにたいして「倭人伝」では帯方郡の役人たちが朝鮮半島の西海岸を南下し、さらに海を三回渡って末盧（松浦地方。九州島の北西部）に至るルートを基幹として、倭地の状況は語られている。

ところが倭人の黥面文身の記事、これには〝夏后少康の子が会稽に封ぜられたとき断髪文身をして蛟龍の害を避けた〟の文もあるのだが、そのあとに唐突に次の一文が挿入されている。

「計其道里、當在会稽東冶《とうや》之東」

倭人の入墨について述べ、太伯伝説にからんでの夏后少康の伝承を語ったために、倭人と江南との関係の深さに言及する必要をおぼえ、〝倭人の道里を計るに、まさに会稽・東冶の東にあるべし〟と付言したのである。道里はみちのりのことである。

会稽はすでに説明したように江南の主要地域の名、東冶は福建省福州のこととされ、広く含めると会稽の一部である。細かいことはさておき、『三国志』の著者の陳寿も華中から九州島をつなぐ東シナ海横断ルートがあったことは知っていたのであろう。

いうまでもないことだが、「倭人伝ルート」は島伝いに航海ができる。天候のよい日を待って行く手を目で確かめながら船を進めることが原則である。ただしその場所ごとによる潮流の違いや岩礁の有無の知識がないと船を難破させてしまう。

『万葉集』には対馬へ船をだすことで失敗して命を落とした筑前国志賀村（島）の白水郎《あま》荒雄を悼む妻子らの歌が一〇首おさめられている（三八六〇―六九）。荒雄は、梅師《かじし》として乗った船で五島の美禰良久（三井楽）から直接に対馬へ向う途中で遭難したという。五島

東シナ海横断ルート（海中の破線部）

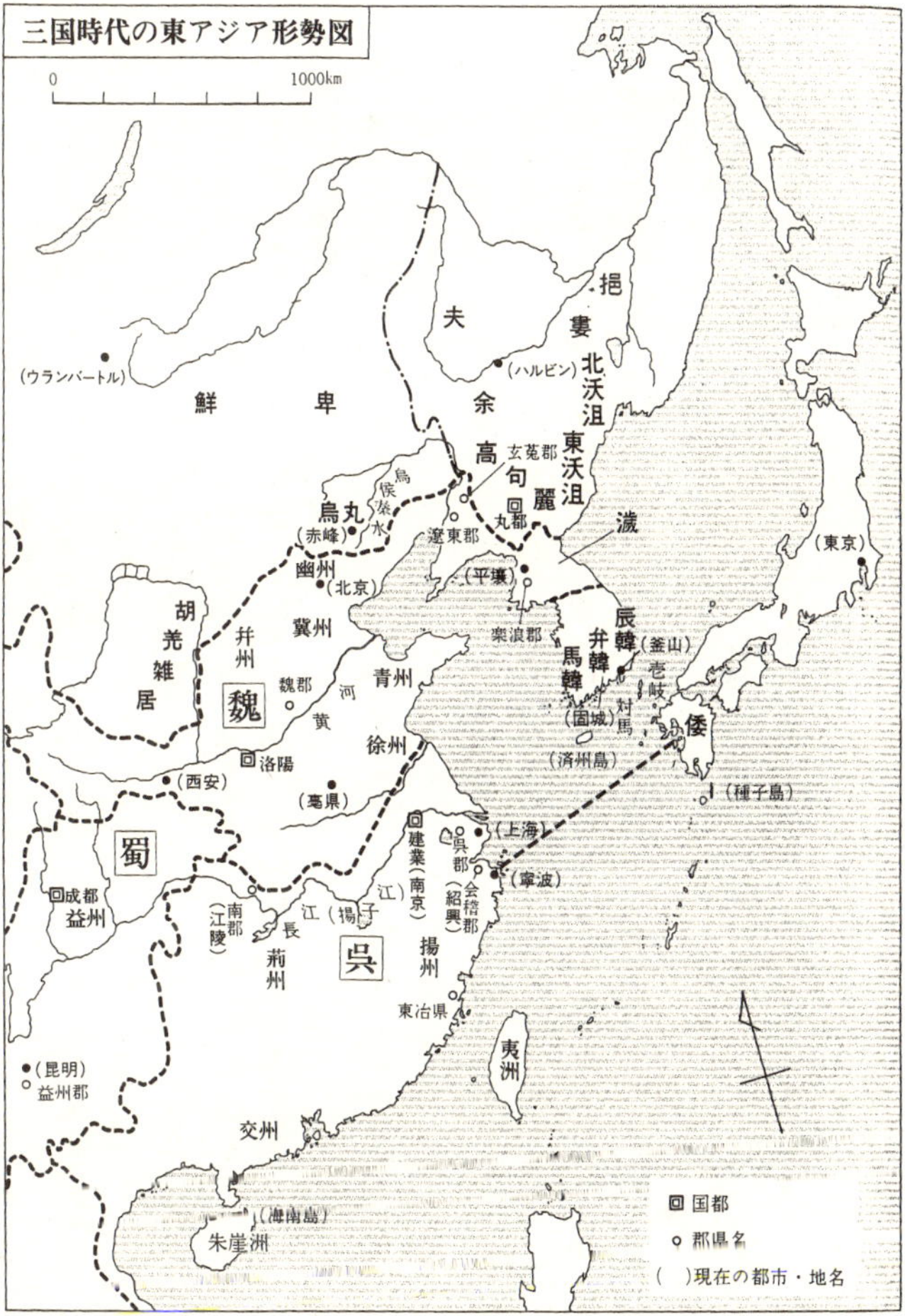

列島から〝直に〟、つまり島伝いではなく直接に対馬へ行こうとするのはかなりの冒険だったといわざるをえない。

一方、東シナ海を東西に横断する航路は途中には島がない（前頁図参照）。九州島では五島列島が西の最果てで、福江島の三井楽を船出すると暫くは目標の陸地は見えない。中国大陸では寧波の東方沖合にある舟山群島が陸地の東端で、舟山群島と五島列島の間の六〇〇キロを一気に横断したのだった。

太平洋戦争の末期、中国に侵攻していた日本軍は、アメリカの潜水艦の執拗《しつよう》な攻撃によって物資の補給路を断たれた。そこで舟山群島のジャンク（帆船）の協力でカバーすることがおこなわれ、陸軍の特務機関の人（女性）が乗りこんで、舟山群島と五島列島をへて唐津に至る航海が試みられた。それはたしか六月の銭塘《せんとう》の潮の逆流にのった頃のことではあるが、一昼夜で五島列島についている。この話をぼくは当事者から直接取材したことがある。これによって、その時々の潮流の知識があると想像以上に短時間での航海ができることを知った。

東シナ海横断ルートの航海についてはさらに研究を深める必要はあるが、いずれにしても手漕ぎの舟では無理で、帆船の出現以後に利用が盛んになったことはいうまでもない。日本での帆船の出現は最近発見された岐阜県大垣市の荒尾南遺跡出土の弥生土器の線刻画

舟山群島沖のジャンク

（1981年に寧波の近くで見たジャンク）

から、二、三世紀まで遡ることが明らかになってきた。

『漢書』「地理志」の「粤地《えっち》の条」にもどる。

「会稽海外東鯷人あり。分れて二十余国となり、歳時をもって来り献見すという」。この文は先ほど述べた「倭人伝」の〝道里を計るにまさに会稽・東冶の東にあるべし〟についてのより詳細な情報とみてよかろう。

古代の中国では、ある国やある民族についてそれぞれを特色づける動物で象徴させることがあった。たとえば皇帝があたえる金印や銀印の鈕《ちゅう》（つまみ）の形を蛇にしたり、馬にしたり駱駝《らくだ》にしたり羊にしたりすることがある。福岡市の志賀《しかの》島《しま》で天明四年に掘りだされた「漢委奴国王」の金印は蛇鈕《だちゅう》であることは名高い。そしてこの金印の委の字を倭の減筆文字とみることが多い。しかし国名についての減筆例はとぼしく委奴国王にあたえた金印とみる説もある。

以上のことは印の鈕の形だけでなく、たとえば高句麗の三字の漢字にたいしても高句驪として馬をつけることもある（『史記』「地理志」「玄菟郡の条」）。このように考えると「東鯷人」という呼称は倭人の一つの特色である漁撈にたけたことと関係するのであろう。

倭人と漁撈との深いかかわりについては、「倭人伝」の記述全体でも農耕よりも漁撈のほうの記述の多いことが端的に物語っている。さらに『後漢書』にも注目してよい記述がある。東北アジアの鮮卑族の大人檀石槐《たいじんだんせっかい》の勢力が強まり「種衆日に多く、田畜射猟しても食を給するに足らず」の状況になった。つまり人口の増大で農耕、牧畜、狩猟だけでは食糧不足がつづいた。そんな折、檀石槐は烏候泰水《うこうたいすい》を見て、魚はいるがそれを捕る人がいないのに気付いた。倭人がよく網で魚を捕ると聞き「東して倭人国を撃ち、千余家をえて泰水のほとりに移住させ、魚を捕らせて糧食を助けた」という。烏候泰水は遼河の支流の老哈河《らおはが》と推定され、遼寧省を流れる川で、前に述べた古い地域名では燕であった。

ここで「千余家をえて」という記述について若干説明しておこう。

寛仁三年（一〇一九）に刀伊《とい》の賊が大船団をくんで対馬、壱岐、松浦など日本列島北西の海域に襲来した。そのとき天草の大蔵種材《たねき》が奮戦して賊を撃退したことについては前にふれた。

刀伊の賊の襲来によって、死者三六五人、拉致された者一二八九人という被害がでた。その割合からも推測できるように、襲来の目的は人的資源の掠奪にあった。拉致された人のうち約三〇〇人が賊の帰路に高麗軍によって救出され、その者たちの証言で刀伊賊といわれていたのが女真族だったことがわかった。

現在の日本でも、北朝鮮政府による日本人の拉致が大問題になっている。不法な武装船が佐渡、柏崎、小浜などの日本海ぞいの海岸に侵入し、人々をさらっていく。これは刀伊の賊の行動とも類似していて、北東アジアの国のなかにはそのような行動に走りがちなものもあることは昔も今も変わっていない。

『魏志』「東夷伝挹婁《ゆうろう》条」は、挹婁《ゆうろう》が石鏃をつけた毒矢を使うことで怖れられていることをまず述べ、〝たくみに船に乗って寇盗して隣国を患わした〟という。

挹婁《ゆうろう》は日本海の北岸にひろがり、今日のロシア領沿海州を主とする地域にいた。のちの女真族のいた地域でもある。時代は下るが、平泉の藤原清衡《きよひら》が中尊寺を建立するさいに草した願文の一節にも「粛慎・挹婁の海蠻」という表現がみえ、東日本、とくに日本海側の人びとにとって粛慎《しゆくしん》・挹婁《ゆうろう》は海から掠奪にくる脅威であったことがわかる。

東鯷人の説明に戻る。鯷はヒシコイワシのこと、したがって釣るより網で大量に捕ることを連想させる。漁撈にたけた倭人とみてよかろう。畏友森博達氏の教示では、「東鯷人」は倭人と同じで東夷人のことであるという（清初の胡渭の著『禹貢錐指』）。それにしても倭人とは多少は異なることをあらわそうとした文字とみられる。

「倭人伝」に女王国にとっての其余旁国がでている。一々の国名は略すが二一あって、東鯷人の国が二十余国あるということと近似し、同じ国が別々の名で記載されている場合もあるとぼくはみている。いうまでもないが「倭人伝」の女王国と其余旁国は九州島内にあったとみてまず間違いなかろう。

佐賀県の吉野ヶ里遺跡の甕棺墓群からは、多数の人骨が出土して、弥生時代の人骨研究にとっての良い資料となった。ぼくの理解では、九州島では福岡県の那賀川流域や玄界灘沿岸地方（北部九州の中央部）の人骨には渡来系人との混血を示す要素が多く、それにたいして北西九州、つまり東シナ海沿岸とそこに近い地域には縄文人の伝統が強くのこっているという。東鯷人とは北松浦半島、西彼杵《そのき》半島、長崎半島、島原半島、さらに平戸島や五島列島、天草諸島や有明海周辺の一部などを含む地域の倭人をいったのであろう。

このように『漢書』のころの中国では楽浪郡や帯方郡から南をみての倭人と、会稽・東冶から東をみての東鯷《とうい》人《じん》が区別されていた。区別というより往来ルートの相違からの識別であった。

とはいえ前者がより強く稲作中心で、かつ中国文化の銅鏡を愛好する風習がより強いのにたいして、後者はより強く漁撈中心の生活で、かつ遠距離の航海（例えば北海道南部や沖縄方面）にもたけたという伝統があった。

女王国 vs. 狗奴国（＝後の熊襲）

卑弥呼が「倭人伝ルート」を利用して魏に外交使節を送っていたころ、女王国の南にあった男王卑弥弓呼《ひみくこ》の支配する狗奴《くな》国と対立し、ついに戦争となりその最中、卑弥呼は死んでいる。女王国に大夫の難升米がいたように、狗奴国にも狗古智卑狗《くこちひく》という官がいた（「倭人伝」）。「倭人伝」にあらわれる倭人の最初の人名である。

狗奴国は中部九州にあって、その後身が記紀に〝熊襲〟の名でヤマトの強敵としてあらわれているとぼくはみている。それはともかくもう一つ見逃せないのは、のちの肥後の郡名にもなっている菊池（鞠智）郡である。菊池は川の名でもあり、豪族の菊池氏の名にもなるのだが、平安時代の地名の発音は久々知、つまりククチであって（『和名抄』）、ぼくは「狗古智卑狗」は後の表記にすると「菊池彦」ではないかと考えている。

先述したように、卑弥呼の宮廷には難升米という大夫がおり、景初三年の魏への遣使の代表だったし、正始六年には魏から権限を託されたことの印の旗である黄幢《こうどう》があたえられている。ここで、これも森博達氏の指摘であるが、音韻からみて難は儺とみることができる。『紀』では福岡市付近にあった奴国を儺県《なのあがた》と表記したこともあった。おそらく難升米も狗古智卑狗もそれぞれ難(儺、奴、那)やクコチ(のちの菊池)の王でもあって、そのような資格のまま倭国ともいわれた女王国や狗奴国の国家の政治に参画していたのであろう。「倭人伝」には邪馬臺(台)国のことが書いてあると漠然と理解している人も時々いるが、とんでもない読まずぎらいの浅知恵である。「倭人伝」には女王国の記述は五度でているが、邪馬台国は一度だけあらわれるにすぎない。しかも邪馬台国は「女王の都とする所」であって、その女王が卑弥呼をさすのかそれとも卑弥呼の死後に立った台(臺)与をさすのかは不明である。

ぼくは「倭人伝」の記述では卑弥呼は死んで冢《ちょう》の造営記事もある過去の人、それにたいして台与は生きている人であるから、この、一度だけ記述のある「女王の都する所」の邪馬台国には台与がいたとみるべきであると考える。

台与が王となったのは一三歳のとき、しかも卑弥呼のあとに男王(狗奴国王か)を立てたところ〝国中服さず、こもごも相誅殺し、当時千余人を殺す〟事態をおさめるための女王就任であった。

台与は卑弥呼の魏への遣使を上まわる規模の使節団を、魏に代わって司馬炎が建国した晋へ、おくることになった。しかも建国の翌年の泰始二年の遣使で、新しい国家誕生を祝うための遣使だったことは前にもふれた。

台与の遣使は晋になってのことで、本来は『魏志』「倭人伝」に扱うべきではない。それはわかりながらも陳寿は、「倭人伝」の最期の部分に晋への遣使記事をもってきたのである。ただしその遣使がいつのことだったかについては書くことを避けた。

台与の晋への遣使は、〝大夫率善中郎将の掖邪狗《やくやく》ら二〇人を遣わし、政らの還るを送り、臺《だい》に詣でた〟。台とは政庁のこと。この文でわかるように、ここでも倭人が自ら名乗った大夫を追認しているし、「率善中郎将」とあるのは、掖邪狗は正始四年の魏への遣使にさいしてその官職を授けられていたからそれを名乗ったのである。それはともかく、「倭人伝」の記述ではこの時の遣使の目的が「政ら」を本国に送り還すことでもあったとされていることに注目したい。

女王国は、対立関係にあった狗奴国と正始八年（二四七）に交戦状況となり、それにともなって魏は帯方郡にいた塞曹掾史《さいそうえんし》（武官）の張政を派遣してきた。「政ら」とあるのは軍事顧問団のことで、彼らは女王国と狗奴国の戦がつづく間、倭地に滞在したのであった。

几帳面な陳寿は、記述のうえで政らを帰国させて、女王国と狗奴国との対立から交戦までを書いた「倭人伝」をしめくくったのである。（ぼくの「女王国」から「邪馬台国」への考え方については『山野河海の列島史』［朝日新聞社］の「倭人伝の描く列島像」の項や『倭人伝を読みなおす』［ちくま新書］を参照されたい）

このことからみても、『魏志』「東夷伝」のなかでは「倭人条」の分量がもっとも長いこと、いい換えれば語るべき内容が豊富にあったことがわかる。さらに登場する具体的な人名が官職名を別にして一〇人もあること、これは「東夷伝」中では稀有のことである。何よりも「東夷伝」では夫余・高句麗・東沃沮・挹婁・濊・馬韓・辰韓・弁辰など集団名や国名をそれぞれの条の冒頭のこれから語ろうとする主語にもってきているのにたいして、よく知られていることだが「倭人伝」は倭人が主語になっていて、陳寿の苦心のあとがみえる。女王国伝といっても、狗奴国伝といっても、一部しかあらわすことができず、その両方にまたがる言葉として「倭人伝」にしたのである。

以上の通り、「倭人伝」からは九州島には北に女王国、そして今日の熊本市の南方を流れる緑川や白川あたりを境として南に狗奴国があったことがわかる。白川や緑川を境とするのは、北部九州で作られた銅矛などの青銅器や大型甕棺が及ばなくなるほぼ境でもある。銅矛や大型甕棺を使わないというのは習俗の問題であって、富の差だとは簡単にはいえない。女王国と狗奴国の戦争の推移の一部は「倭人伝」に述べられているが、はっきりした勝敗については筆をにごしている。記述上の事実としては、戦争の最中に卑弥呼は死に、続いて大がかりな埋葬行事についての記述となる。

女王国と狗奴国の対立については、ぼくには明治十年（一八七七）の西南戦争が頭に浮ぶ。政府軍の支配する北部九州と、西郷軍の中部・南部九州の軍勢とが相対峙し、熊本城が争奪の場となった。このことが三世紀の女王国と狗奴国との戦争に重なってみえてしまうのは自然のことであろう。余談になるが、肥後国の球磨地方からも人吉隊などが西郷軍に加わったことも有名である。

以上述べたように、「倭人伝」が膨大な内容になった原因のひとつは、女王国と狗奴国との対立が、中国での魏と呉の対立に影響するという危惧があったからだとぼくはみる。さらにいえば狗奴国も呉や帯方郡との外交関係をもっていた可能性は強い。しかし『呉志』にはそれを語っていないのは、外交問題は漢をうけついだ魏が独占していたとする陳寿の「三国志」の編集方針とからんでいるのであろう。

帯方郡と外交関係のあったのは女王国だとして「倭人伝」は記述を進めている。だが『倭人伝』の冒頭にあるように〝今使訳を通じる所三十国〟とあるように、なお多数の国々が帯方郡を介して魏と外交関係をもっていた。〝使訳通じる〟というのは、使者と通訳が往来するの意味だから、倭人側からも外交にでかけるし、張政らの例にあるように帯方郡からもやってきたのであろう。〝通じる〟はそのような相互関係をいう動詞であって、倭人側から一方的に挨拶にでかけるというものではなかった。

ぼくは狗奴国も最初のころ、つまり景初三年に女王国が難升米を代表とする使節を魏の都の洛陽まで行かせるまでは、帯方郡とそれなりの外交関係をもっていたと推測する。先にいったように「倭人伝」で最初に記されている具体的な人名は狗奴国の、おそらく大夫といったであろう狗古智卑狗であり、女王国の難升米もよく知られた人物として「倭人伝」にでているように、狗古智卑狗も帯方郡によく知られていたと推測してよいようにおもう。

ここでもう一度「倭人伝」の構成について戻ってみたい。帯方郡からの使者が対馬、壱岐、末盧をへて伊都に行く（以上は見聞録のような記述）。そのあと奴、不弥、投馬、邪馬台、それと女王国の旁国二十一国の名がでたあと女王（国という字を補うとよりよくわかる）の境界の尽きるところ……として一つの文が終る。

そのあと狗奴国のことになり、この国が女王に属さないとして、さらに帯方郡から女王国まで一二〇〇〇里だとの記述がある。文脈からみてここは、女王国界、つまり狗奴国との境までの距離をおさらいしているのである。そのあと、何度もいったことだが黥面文身の記事があって、〝道里を計るに会稽・東冶の東に当るべし〟の文となるのであった。

ということは〝会稽・東冶の東に当る〟というのは女王国ではなく狗奴国の位置がまさに、中国の江南や福建からみると東にあたるといったのである。これは中国からの位置関係の記事が重複しているのではなく、その一つは狗奴国の位置を説明したものだったのである。

このように考えると、狗奴国も倭人の国、つまり倭種の国であることに意味がありそうである。なるほど倭国伝でも女王国伝でもなく、「倭人条」にした苦心がやっと説明できた。いずれにしても女王国にとって狗奴国の存在はあまりにも大きかったし、それも含め、陳寿が納得できるほど九州島の情勢を丁寧に記録する必要があったのであろう。

ここで狗奴国東海説についてふれておこう。これは学問上で生れた仮説ではなく、熱烈な邪馬台国ヤマト説の人たちがいだくようになった思いこみにすぎない。

その典拠の一つとして、『後漢書』「倭伝」のなかに「女王国より東、海を度《わた》ること千余里、拘奴国に至る。皆倭種なりといえども、女王に属せず」の文がある。

ここで、王朝の順でいえば後漢のあとに三国時代になるのだから、『後漢書』の記載のほうが『魏志』「倭人伝」より古いとみるのは見当違いで、それぞれの書物ができた時期をいえば『魏志』を含む『三国志』は三世紀末、これにたいして『後漢書』は五世紀前半であって、日本列島でいえばすでに巨大前方後円墳が盛んに造営されている古墳時代中期である。

『後漢書』の成立は新しいとはいえ、古い史料が使われている場合もある。だが、今引いた拘奴国の個所は「倭人伝」中の女王国界の話のあとにつづく「その南に狗奴国あり(中略)女王に属さず」の文と「倭人伝」後半にある「女王国の東に海を千余里渡るとまた国あり皆倭種」の個所を合成し、さらに狗奴国の名を拘奴国に変造したものである。おそらくこれは五世紀ごろの日本列島の政治体制の影響をうけて、つまりヤマト中心の地理観に影響されての史料操作の結果であり、原典として用いることのできない史料である。

文献にある史料はすべてがそのままで使えるわけではない。もっと丁寧にいえば「倭人伝」の該当個所も『魏略』を参考したものである。『魏略』には「海を度る千里、また国あり、皆倭種」とあって先ほどの「女王国の東に海を千余里渡る」のなかの「東」は陳寿の追加個所である。以上の説明にも聞く耳のない狗奴国東海説を信奉する者は、せめて『後漢書』から忠実に引用して拘奴国東海説といえばまだしも救いがある。

ぼくの長年の経験では、マスコミが耳学問だけでひとつの仮説を新聞記事にしたがる場合があって、研究史やその仮説の基礎となる考古学資料や史料を確かめていないことがよくある。ひどい例ではある大新聞の記事に〝「倭人伝」にでている三角縁神獣鏡〟というのもあった。もちろん「倭人伝」には銅鏡とあるだけであって現代の考古学用語がでているはずもない。

専門の書物に接することの少ない一般人には、新聞やテレビがたれ流す軽薄な情報がいつしかそれなりの知識のように頭にインプットされてしまう。このことは人びとにとっては不幸であるし、学問の進展のため真剣勝負をつづけている研究者にとっては迷惑至極である。つい長年の体験から本心をのぞかせてしまった。

4　南九州を考える

『魏志』「倭人伝」から邪馬台国に関心をもつ人は多いのにくらべ、「倭人伝」に記載されている狗奴国に関心をもつ人は少ない。『魏志』が「倭人伝」に多数の頁をあてているのは、北部九州の女王国（おそらく邪馬台国の前身だろう）と狗奴国との対立と戦争という状況によるのであろう。ぼくは記紀にあらわれる熊襲を狗奴国の後の姿とみていて、これらのことを解説しておこう。

どうやら多くの考古学者や古代史家も、大きな前方後円墳を造営したり多くの銅鏡を保持している者の力を大勢力と誤解している節がある。その二点は人間生活に役立つ着実な生産から考えるとどちらも無駄なことにおもえるが、どうだろう。

熊襲（曽）はどこにいたか――「襲」（曽）の重要性

ぼくは狗奴国の後の姿が熊襲であると基本的には考えている。もちろん細かい点で両者が同じかどうかは検討がいる。

いうまでもなく狗奴国は三世紀の国で、しかも華北の魏の立場を前提にしての「倭人伝」の記述にあらわれる。それにたいして熊襲は記紀にあらわれ、しかもヤマト勢力にとって不倶戴天の敵とする前提で描かれている。これには、記紀編纂のころのヤマトの為政者層の意識にあった熊襲観が反映しているだろうし、彼らがもっていた伝承の中には、古くは四世紀ごろまで遡るものもあったであろう。

熊襲については、風土記にはあまりでていない。このことは中部九州や南部九州の風土記としてはわずかの逸文しか伝わっていないこととも関係している。その数少ない『肥後国風土記』の逸文に火国の地名伝承を説明する話があって「景行天皇が球《く》磨《ま》贈《そ》唹を誅す」とある。これは景行紀に詳しい、オオタラシ彦（大足彦忍代別天皇、景行天皇のこと）の熊襲戦争の記事にもとづいての記述であろう。

景行紀にあるオオタラシ彦の熊襲戦争と数十年のちにおこったとされる皇子ヤマトタケル（日本武）による熊襲戦争については別の機会に私見を述べたのでここでは省く（『記紀の考古学』所収の「オオタラシ彦の大旅行」の項）。

風土記逸文の熊襲の表記は〝球磨・贈唹〟とそれぞれ二字表記になっている。すでにいくつかの例で指摘したように、一字の地名（人名や氏名にもある）表記が八世紀になると二字表記になる流行（法令もある）があった。熊を球磨、襲（曽とも書くことがある）を贈唹（曽於や贈於）とするのもその例になる。

先ほどの景行紀でも、熊襲の首長（渠師者《いさお》）のいたところを襲国としているし、前に述べた『紀』の天孫降臨神話でも〝日向の襲の高千穂峯に天降った〟としているように、「日向の襲」は天皇家の先祖伝承での聖地の所在地でもあった。

また、熊襲の一部の後の姿とみられる隼人、とくに大隅（住）隼人の雄族《ゆうぞく》に曽君がいたことにも注目してよい。一例をあげると、和銅三年（七一〇）に日向の隼人である曽君細《そのきみほそ》麻呂《まろ》が〝荒俗を教喩し聖化に馴服《じゅんぷく》せしめた〟として外従五位下《げ》を授かっている（『続日本紀』）。和銅三年は大隅国が日向国から分かれる三年前のことだから、この場合の日向の曽君は大隅の曽君である。

ところで熊襲といえば、肥後南部の球磨地方の、周囲を山で囲まれた広大な盆地にいた勢力を連想しがちである。だが狗奴国は中国にもよく知られていたことから考えても、海への拠点をもっていたとみられる。球磨盆地を球磨川にそって西の方にくだっていくと八《やつ》代《しろ》海の沿岸にでる。そこも一つの候補地になる（一九八頁地図参照）。また、球磨川下流の右（北）岸には八代大塚古墳などの小型の前方後円墳からなる古墳群があって、六世紀初頭前後に、このあたりに一つの政治勢力があったことは認められるが、球磨方面との関係はとくにはたどれない。

もう一つの候補地がある。熊襲という言葉が球磨地方と贈唹（曽や襲）地方を合成した言葉だとみると、南部九州の太平洋沿岸の地域、具体的にいえば志布志湾に面した志布志や串間《くしま》がより有力な候補地になる（次頁地図参照）。先ほども述べたように景行紀では熊襲の頭《かしら》のいたのは襲国とされていた。

志布志は鹿児島県曽於郡にある臨海都市で、江戸時代には薩摩藩の琉球交易での拠点となった港の所在地であった。串間は宮崎県の西端にあるが志布志湾に臨み、室町時代に明との貿易船が出帆したことのある港でもある。なおすでに述べたように奈良時代以前は大隅国はまだ日向国だったから、串間も志布志もともに日向国にあった。

串間（宮崎県）から出土した玉璧

串間からは、漢代の玉璧が出土している。璧は中国では殷周の時代から身分のしるしとして使われ、漢代には墓の副葬品としても重視され、当時の中国では銅鏡をはるかにしのぐほど貴重な威信財であった。

玉璧は文政元年（一八一八）に串間の「王の山」と呼ばれる地にあった石棺から佐吉と

九州島は、約六三〇〇年前の鬼界カルデラの大爆発での大量の火山灰を受けた。その影響の強弱によって南北に分けられ、狗奴国と態襲は後まで火山灰堆積の影響をうけている。

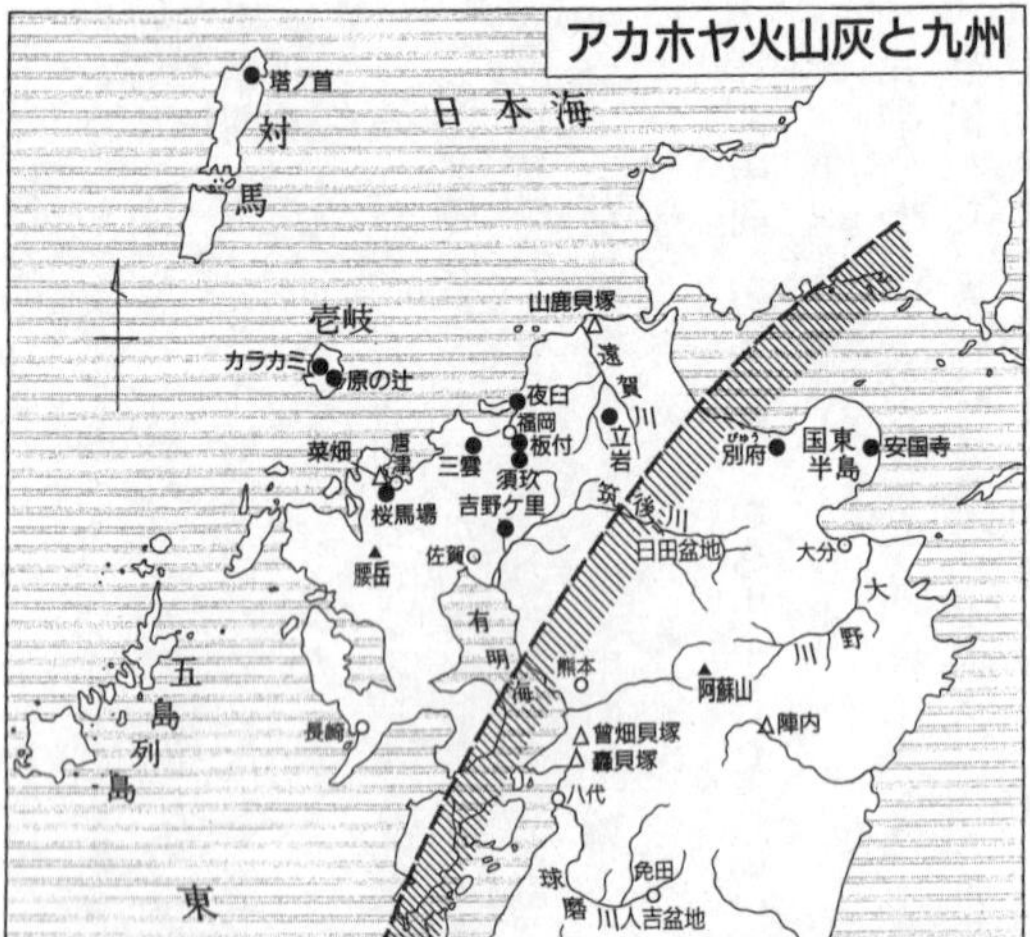

（カルデラと火山灰の範囲は日本第四紀学会『日本第四紀地図』1972年 より）

いう農民が発掘したものと伝えられ、一緒にあった玉類や鉄器はすでに無くなり、玉璧だけが前田育徳会の所蔵となっている。

ぼくは「日本の古代」の編集にさいしてその実物を拝見する必要をおぼえ、前田育徳会での実見を果し、「日本の古代」第二巻の『列島の地域文化』にカラー写真を掲載することができた。さらに同じ巻に掲載した「北と南の国際意識・生活意識」の項には説明も加えた。

この玉璧は直径三三センチ、厚さ六ミリ、重量一六〇〇グラムあって、一九六八年に中国の河北省満城県で発掘された中山王劉勝とその妻の墓である満城漢墓出土の玉璧（次頁図版参照）と文様構成や大きさが酷似していて、年代の見当がつく。劉勝の棺には玉璧二五個が出土し、妻の棺にも一八個の玉璧があった。なお劉勝は楽浪郡を設置した漢の武帝の庶兄である。

日本では、弥生時代の遺物としての璧は、福岡県前原市の三雲南小路一号甕棺や春日市須玖岡本の支石墓下の甕棺から出土したガラス製の璧が知られているにすぎない。

ここで三雲南小路一号甕棺は伊都国王の墓、須玖岡本の甕棺は奴国王の墓と推定されていて、璧をもった者の身分の高さは見当がつく。ぼくの考えでは、ガラス製璧は玉璧を人造技術で模作したのであり、その関係は硬玉ヒスイの勾玉をガラスで模作することとも通

満城漢墓出土の玉璧

（串間出土の玉璧と酷似している）

じる。串間の王の山の玉璧はそれらのガラス製よりはるかに優品で、前漢の王族のもっていたものに匹敵する。

宮崎県教育委員会では、一九五三年になって伝「王の山」の調査をおこなうことを計画し、串間市内の候補地の発掘をおこなった。しかし百数十年前の出土だったから良好な資料はえられなかった。とはいえ串間市の銭亀《ぜにがめ》塚《づか》の石棺が一つの候補地とされた。

この時の調査記録は『日向遺跡調査報告書』二（一九五五）に収められていて、調査担当の瀬之口伝九郎氏は「倭人伝」をも参考にし、次のように述べている。

「茲《ここ》ニ於テ余ハ前田家ノ璧トイフノハ、北九州カラ流入シタトカ卑弥呼トノ戦利品デアルトカイフコトヲ考ヘテ見ル外ニ、三国対立ノ際、南九州カラ呉ニ入朝シテ封冊《ほうさく》ヲ受ケタモノガアルコトヲ予想シテ考察ヲ進メタ方ガヨイト思フ」

この文が発表された一九五五年は、まだ敗戦のショックの強いさなかであり、地域にコンパスの軸をしっかり据えての考察は卓見といってよかろう。瀬之口氏の文中の〝南九州〟を狗奴国にかえて読むと文意がより鮮烈になるだろう。

ぼくは一九五一年夏に屋久島の踏査に行った。前年の夏には対馬と壱岐へ行ったので、その夏は当時の占領下で行くことのできる南の限界の屋久島へ行ったのである。

その旅に際してついでに西都原《さいとばる》古墳群も見ておくことにし、その翌日宮崎市で瀬之口さんにお会いして、何冊かの報告書をいただいた。ぼくはその時はまだ串間出土の璧のことは知らなかったので、おもに宮崎に多い地下式横穴墓や横穴墓にしぼって瀬之口さんの教示をいただいたのが印象にのこっている。地下式横穴は中国、とくに華北に多い土洞墓《どどうぼ》と構造が類似しているし、満城漢墓《まんじようかんぼ》も一種の横穴墓である。

王の山出土の璧は、前二世紀ごろのものである。瀬之口さんが推察したように、北部九州を介さず直接に南部九州と中国の江南との交渉でもたらされたものであろう。南部九州の西海岸を北上して五島列島に至ると、あとは東シナ海横断ルートを使って江南につく。

串間の墓にいつ玉璧が副葬品として埋納されたかは明らかではないが、『魏志』「東夷伝夫余条」に注目すべき一文がある。遼東の公孫氏が滅亡したときの記録に、「夫余王の庫《くら》に玉璧、珪《けい》、瓚《さん》(いずれも玉器)など数代へた物があり、代々宝として伝えている。老人たちは王の祖先が賜ったものだといっている」とある。このような伝世は璧に限らずさまざまの船載の珍宝についても考えてよいことである。

九州の前方後円墳を考える

熊本県球磨郡免田町(現あさぎり町)は、考古学で免田式土器の型式名が使われているように、端正で華麗な弥生土器を創作した地域である。これは弥生後期を中心にその前後の時期にも及ぶ土器で、長頸壺《ちょうけいこ》に特色があった。壺の胴部を重弧文などの櫛描《くしがき》文で飾っていて、地域色を強くあらわしている。人吉(球磨)盆地には約四十ヶ所の免田式土器を出す遺跡が知られ、なかでも本目《もとめ》遺跡が代表的な集落遺跡である。これらの遺跡からは武器としての鋒《きつさき》の鋭い鉄鏃の出土が目につく。いうまでもなく鉄鏃は矢の先に着装する武器で、弓を使って射る。

人吉盆地には前方後円墳の存在は知られていない。これは経済的な貧困に起因するのではなく、むしろ当然のことであろう。北部九州や近畿の政治勢力が採用した墓制を拒否した結果とみられる。先ほど和銅三年に曽君細麻呂《そのきみほそまろ》がヤマトの律令政府から位を授けられたことを述べたが、球磨の豪族にはそのような史料を見出せない。このあたりにも曽と球磨がしだいに分裂していったようすが見てとれる。

九州島の太平洋沿岸には前方後円墳が多い。このことは戦後の考古学ではまだ解きえない問題である。とくに宮崎県西都《さいと》市の西都原古墳群は前方後円墳の多いことでは抜群であるし、鹿児島県の肝属《きもつき》郡東串良《ひがしくしら》町にある唐仁《とうじん》古墳群の唐仁大塚古墳（墳長一三七メートル）や大崎町の横瀬《よこせ》古墳（墳長一三五メートル）はほぼ同規模の中型の前方後円墳である。中型というのはぼくの整理上での分類（『巨大古墳』）であって、五世紀前後の東アジア全体でみれば傑出した規模であることはいうまでもない。新羅最大の双円墳（王陵）でも墳長は一一〇メートルであることがひとつの目安になるし、中国の南朝の皇帝陵はさらに規模が小さい。

ちなみに北部九州最大の前方後円墳は、福岡県八女《やめ》市にある岩戸山古墳で、前方後円墳としての墳丘の長さは一三二メートルある。この古墳は五二七年に継体天皇と戦争をおこした磐井《いわい》の墓であることはよく知られているが、北部九州と志布志湾沿岸地方にほぼ同じ年代にほぼ同規模の古墳があることは注目してよい。なおぼくは記紀で曽（襲）とよばれた土地は、律令体制の噌唹郡よりも広く、肝属《きもつき》をも含む地域の可能性があるとみている。これはさらに研究課題としてのこる。

よく熊襲は二つの地域を合成した言葉とみられるし、ぼくも原則としては賛成である。しかし前方後円墳のあり方の違いから、襲のほうが五世紀ごろからヤマトの勢力とも関係をもち、曽君にみるように律令体制下に組みいれられだしたと考えることができる。あるいは北部九州の磐井勢力との同盟関係だったかもしれない。

また、文武四年（七〇〇）に、薩末比売《さつまひめ》、久売《くめ》、波豆《はず》、衣評督《えのこおりのかみ》　衣君県《ころものきみあがた》、肝衝難波《きもつきなにわ》らが騒乱をおこしたとき、肥人《くまびと》らを従え兵器をもって国覓使《くにまぎし》の刑部真木らを剽劫《ひようきよう》（拉致のこと）したという記録がある。

この騒乱は薩末比売とよぶ女の首長らが指導していたこと、波豆《はず》や衣《ころも》（「え」とも発音する）のように東海地方の地名をつけた人名がみられ、東海、とくに三河との関連がうかがえる（『「東海学」事始め』所収の「海との関係」の項）。それはともかく、ここで肝衝《きもつき》（属）の豪族らが「肥人らを従え」ていたことは注意してよかろう。

肥人の発音はクマビト、球磨地方出身の傭兵的な集団とみてよいし、イワレ彦の率いた兵力にも勇敢な〝久米の子ら〟がいた（記紀）。のちの久米（来目）部のことである。久米は普通の氏族名とみるより、〝みつみつし　久米の子らが〟と歌われるように傭兵的な兵士集団だったとぼくにはみえる。なおイワレ彦のヤマトでの戦にさいして歌われたといういわゆる来目歌には、粟の畠（粟生）のひろがりをはじめ韮（韭・にら）や椒（山椒）など山地での産物の様子が歌われている。

余談ながら、韮や山椒はぼくの大好物。父方でのわが先祖は大分の出身、伯父らが集まって酒がはいると、〝うちはクマソの子孫〟とよくはしゃいでいた。この場合のクマソは九州出身者のことをいうのだが、面白い家の伝統だった。

球磨の鎏金鏡

球磨盆地に四ツ塚古墳群があって、その二号墳は才園《さいぞん》古墳ともよばれている。切石を組んでつくった横穴式石室をもつ円墳と推定され、その石室から玉類、金環、馬具、刀、剣、鋏《はさみ》とともに一面の銅鏡が出土している。立派な馬具であり、鋏も馬のタテガミを整える道具であろう。

銅鏡は中型の平縁《ひらぶち》神獣鏡で内区をめぐって一二個の方格を配し、その各々に一字ずつ、計一二字の銘文とさらに平縁の内側にも三〇字からなる銘文がある。何よりもこの銅鏡には金メッキがほどこされていて、鎏金鏡《りゆうきんきよう》ともよばれる。

北部九州の弥生の古墓やほぼ日本列島全域にある古墳では銅鏡の出土がすこぶる多く、すでに数千面は出土しているが、鍍金《メッキ》をほどこした鏡は三面、しかもその一面には検討の余地のあることがいわれている。したがって、確実な一面は福岡県二丈町の一貴山《いきさん》銚子塚古墳出土の方格規矩四神鏡で、これは伊都国の周縁にある四世紀末ごろの前方後円墳の出土であり、もう一面が人吉盆地の才園《さいぞん》古墳出土の平縁神獣鏡である。

ぼくはこの銅鏡のことを「クマソの鎏金鏡《りゅうきんきょう》」の題で『アサヒグラフ』に書いたことがある。一九八八年のことだった。クマソといえば記紀に扱われたヤマト政権の敵との前提によって、その頃も地域差別の対象としてみる人が多かった。その風潮を事実によって改めさせる一助になればと書いた（なおこの一文は一九九〇年に、『交錯の日本史』としてまとめた）。

たしかその年の暮近くだった。免田町から電話をもらった。役場の関係者が「クマソの鎏金鏡」を読んで感激し、年末ではあるが町長らで訪問したいとおっしゃる。ぼくは〝考古学は地域に勇気をあたえる〟を理想にかかげているが、この時は自分の発言と行動の影響の大きさに身がひきしまった。それにしてもペンの力はたしかに強い。

このことがあって、免田町へはでかける機会がふえ、ぼくの勉強にも大いに役立った。そして一九九三年四月三日には、免田町の中学校の体育館を会場にした講演会をひらき、ぼくは「クマソの考古学——中国文化とクマソ」の講演をした。雨の日だったが聴衆の熱気がみなぎっていた（この講演は『倭人・クマソ・天皇』に収録、のち『語っておきたい古代史』としても出版した）。

天草の大矢野島へ行ったときも免田町長の植薄清重《うえうすきよしげ》氏が来られて一緒に泊まった。そのとき〝一度中国へでかけて、本場の鎏金鏡《りゅうきんきょう》を見たいという希望が町民からでている〟とおっしゃり、一九九三年十月にかなりの人数で実現した。そのとき江南の銅鏡研究で着実な成果をあげておられる王士倫氏を紹介した。王士倫氏の初期論文「漢六朝鏡銘初探」はばくが自分なりに日本出土の銅鏡の銘文に取組むさいの好個のテキストになった論考だった。

それより前の一九九〇年八月に百越《ひゃくえつ》のシンポジウムが杭州市でひらかれたとき王氏と初めてお会いし、数々のご教示をえた。そのさい免田町の人たちの熱心なことをお伝えし、ぜひ一度才園古墳の銅鏡をご覧になってほしいとお誘いしたのである。

こうした縁があって一九九四年十月二十日にまず京都の同志社大学で王氏の講演会をひらき、次の日には前原市で平原古墓の銅鏡群も見ていただき、江南の鏡との比較のもとに貴重な教示を得、そのあと十月二十三日に免田町での講演をお願いした。その当時、日中関係がしっくりいっておらず妨害を心配する声もあったが、できるだけの準備をして実現した。

王氏は才園《さいぞん》古墳の銅鏡を観察されたあと、それまで日本の学者が才園古墳の年代(六世紀)によって銅鏡の年代を古墳と同じ時期である南朝の製作とみていたことを指摘し、製作年代は後漢か三国(呉)とみたほうがよいとの教示をえた。先ほど『魏書』「東夷伝夫余条」で引用したように、狗奴国の時代に入手したものが王庫に保管され、六世紀になって才園古墳に副葬されたとみられる。

ぼくも長年、才園古墳の銅鏡を南朝製と考え、熊襲と南朝（土地でいえば呉《くれ》）との直接関係を想定していた。その後、狗奴国時代に呉との交渉でもたらされたとみられるようになってきたが、その一方では狗奴国から熊襲の時代へうけつがれた可能性もでてきた。それにしてもこれらの知識は王士倫氏の生涯をかけての江南の銅鏡研究によるところ大であるし、その王氏に免田まで来てもらった地元の熱意にもよるところが大きかった。

〝考古学が地域に勇気をあたえる〟ためには、その地域の人びとの意識改革が必要となるし、何より中央政府の援助に頼るという姿勢だけでは実らない。ぼくにはよい経験になった。いずれにしても思いついたことは何からでもよいから実行すること。身体の疲れをおそれるようでは脆弱にすぎる。

熊襲戦争と肥後の俘囚料

記紀に描かれた熊襲はヤマト勢力にとっては恐るべき強敵である。〝衆類甚だ多く、これを熊襲の八十《やそ》梟師《たける》といった〟。これは熊襲が多数の中小豪族による連合政権だったことをいっているのであろう。また軍事的には〝その鋒《きつさき》当るべからず〟とあって、通常の合戦では容易に勝てない相手であることを『紀』では認めているとみてよかろう。

以下の話の内容は簡単にするが、景行紀では、景行天皇が熊襲梟帥《たける》の娘を寝返らせて熊襲梟帥を殺害している。ヤマトタケルも童女に化けて川上梟帥に酒をのませてその隙に殺害している。ぼくは子供のころ絵本でヤマトタケルの話を読んだとき不思議でならなかった。どうして戦争をしなかったのか。女装して相手を殺すとは卑怯ではないか。そのような行為しかできなかったヤマトタケルがどうして英雄なのか。だが、記紀ではそのように描くほかなかったほど熊襲は強敵だったのである。

仲哀天皇（足仲彦《たらしなかつひこ》）はヤマトタケルの子で、妻が神功皇后だった。仲哀は神功皇后とともに筑紫の橿日《かしひ》にいた時、熊襲を討つための軍議をひらいている。橿日は香椎とも書き、その故地には香椎宮が鎮座している（福岡市東区香椎）。

軍議は紛糾した。ある神が皇后にとりついて熊襲との戦争に反対し、海をこえて新羅を討つことを主張した。

それでも仲哀は熊襲を撃ったが、〝勝《かち》えずして引きあげた〟直後に亡くなっている。『紀』はさらに続けて〝神の言《ことば》を用いなかったので早く崩じた〟とも述べ、さらに〝天皇自ら熊襲を伐ち、賊の矢にあたって崩じた〟とする異伝をも書いている。このような異伝を『紀』に掲載していることからもわかるように、ここでも熊襲には勝てなかったのである。

仲哀が亡くなるときの壮絶な様子は『記』のほうで生々しく描かれている。これについては「タラシナカ彦の死をめぐって」(『記紀の考古学』所収)で詳しく書いたのでここでは略す。

仲哀は橿日宮《かしひのみや》で亡くなり、その地に今日は香椎宮とよばれる社がある。ところが『延喜式』の神祇の項の神名帳《じんみょうちょう》の筑紫国の個所には香椎宮はみられない。ところが同じ『延喜式』の式部の項に橿日廟がでており、廟司の務める年限を定めている。さらに橿日廟には大宰府の管掌する守戸もあてられていた(民部の項の記載)。守戸はいうまでもなく陵戸とともに陵墓の墓守のことである。このことから考えると、香椎宮には本来ここを仲哀の墓とする伝承があって、香椎廟という言葉が使われたのであろう。

鞠智(菊池)城の役割

鞠智《きくち》城という壮大な山城《やまじろ》がある。熊本県菊池市から山鹿市菊鹿町《きくかちょう》にまたがって存在する。菊池平野の北端の台地上にあって菊池城とも書かれる。

この城については「大宰府に大野、基肄《きい》、鞠智《きくち》の三城を繕《つくろ》い治めしむ」の記事が文武二年(六九八)にみえるのが初現である(『続日本紀』)。

大野城と基肄《きい》城は大宰府の備えとして大宰府の周辺に配された朝鮮式山城で、天智四年に百済人の参加による築城記事もある（『紀』）のにたいして、鞠智城の位置は新羅や唐の備えとするには理解しがたい位置（中部九州）にあるし、築城記事もない。

ぼくは、二度鞠智《きくち》城を訪れたことがある。現地で感じたことは、大野城や基肄《きい》城などの朝鮮式山城というより、秋田県にある払田柵《ほったのさく》や秋田城など蝦夷《えみし》対策で設けられた施設に立地条件が似ているということだった。

平安時代の八五八年と八七九年に「菊池城の兵庫の鼓が自ら鳴った」という（『文徳実録』と『三代実録』）。この奇怪な事件はほぼ同じころ（八三九年から八八六年）出羽国の日本海沿岸でも五回にわたって石鏃発見が政府に報告されている事件と関連しそうである。この石鏃発見の記事はたんなる考古学史の事件としてとりあげられることもあるが、それは見当違いである。先に述べたように石鏃といえば中国の古典では海蛮の粛慎《しゆくしん》・挹婁《ゆうろう》を象徴する武器のこと。このことから「石鏃発見」は、それによって海蛮の脅威をいおうとしたことだとぼくはみている（「九世紀の石鏃発見記事とその背景」、『考古学と古代史』所収）。鞠智《きくち》城の兵庫の鼓が自ら鳴ったというのも、暗に熊襲にたいする備えの大切さを述べたこととみてよかろう。

何人かの先学も気付いておられることだが、鞠智城は新羅や唐への備えとして設けられたのではなく、潜在的な熊襲勢力に備えた山城とみてよい。しかもたんなる軍事施設ではなく多分に律令政府の強大さを示すための施設でもあった。建物に使われている平瓦が通常のものより一まわりは大きく、その建物を見る者に威圧感をあたえたのである（『考古学の旅』所収の「鞠智城跡」の項）。

熊襲に備えた俘囚と肥後の俘囚料

ここで九州島に縁の少なそうな蝦夷《えみし》についてふれねばならない。蝦夷といえば、東北や関東、それと日本海側の越《こし》に居住した人びとを連想するだろうし、基本的にはそれでよい。ヤマト勢力や律令政府が、蝦夷の馴服《じゅんぷく》（馴伏）に手をやいたこともよく知られている。

ここで馴服というのは、蝦夷に狩猟採集の生活手段を改めて稲を水田栽培する生活に移行させること、それによって政府の税制と徴兵制にも役立たせようとしたことである。そしてもう一つ見落としてならないことがある。それは蝦夷の軍事力とかかわることである。熊襲も強かったが蝦夷も強かった。イワレ彦のヤマトでの戦いにさいし久米の子らがうたった歌謡のなかでエミシの強さがでてくる。

「エミシを一人百《もも》な人　人はいへども　抵抗もせず」の部分である。ここでのエミシは受瀰詩の三字があてられ、〃一人で百人の強さに匹敵するという噂だが、われわれ（久米の子）には抵抗できない〞の意味であろう。

これが記紀にとっても古い伝承なのか、それとも記紀編述に近いころの常識かはともかく（おそらく後者であろう）、九州出自の久米の子らの歌のなかにエミシが登場するのはすぐ後で述べることとも関連するだろう。

神護景雲三年（七六九）十月に称徳天皇は長文の宣命をだしている。そのなかで「東人《あずまびと》」からなる宮中の親衛隊にふれて「この東人は常に云わく、額には箭《や》は立つとも背には箭は立たじといいて、君を一つ心をもちて護るものぞ〞と述べている（『続日本紀』）。ここでいう東人《あずまびと》は蝦夷、とくに傭兵的な蝦夷をも含め長年のあいだに蓄積された実感であろう。明日香にあった蘇我入鹿の城のような家を〝東方の儐従者《しとべ》という健人（兵士）が守っていた〞という。これも蝦夷系の傭兵であろう。

貞観十一年（八六九）十二月に新羅の海賊が筑紫の海岸地方を侵略し、人びとを掠《かす》めにきた。刀伊の賊ほどの大船団ではないが、たびたび日本海沿岸を荒らしにきた。このとき政府の追討軍がひるんで戦わなかった。そこで「俘囚を調発し、御するに胆略を以ってす。特に意気を張りて一もて千に当りき」と大宰府はその勇敢さを報告している（『三代実録』）。

俘囚とは夷俘《いふ》ともいって律令政府がある程度馴服できたと認めた蝦夷のことで、西日本各地に移住させていた。移住の理由を蝦夷の力の分散とみる人は多いが、ぼくは別の考えをもっていて、前に述べたことがある(『山野河海の列島史』所収、「蝦夷私考」の項)。つまり僕は蝦夷の移住を、各地の治安のために配置した傭兵の性格をもたされていたとみているし、新羅の海賊にたいした筑紫などの俘囚の例もそれを端的に示している。

『延喜式』主税の項によると、各地に配した俘囚に支給するために設けた俘囚料を国別に記している。陸奥と出羽を含まない三五の国が支給の対象になっていて、多くの国々に俘囚を分置していたことがわかる。

ぼくが驚いたのは、俘囚料がもっとも多いのは肥後国の一三〇九〇束だったことであり、喜田貞吉氏によるとその量から計算して約一〇〇〇人の俘囚がいたことになる。なお二番めに俘囚料の多いのは近江国、次いで常陸《ひたち》と下野《しもつけ》となる。このように西日本各地にも蝦夷系の人たちが多数移住したのである。近江国の蝦夷については別に論じたことがある(前出「蝦夷私考」)。

なぜ肥後に大勢の俘囚を配したのだろうか。それは熊襲にたいする対策だったとぼくはみている。鞠智城と払田柵《ほったのさく》の地形上の類似性も偶然のことではなく、築城にさいして肥後に分置させられていた俘囚が参画したからともみられる。時代とともに形は変わっているが、狗奴国の脅威は奈良時代や平安時代にも根強くつづいたとみてよかろう。

5　海を渡る倭人たち

中国の古墓で出土したいわゆる「倭人字磚」は古代の倭人を考えるうえでは基本資料である。その古墓の被葬者とは倭人と関係の深い会稽郡の太守をした経歴があり、さらにすぐ後に魏の建国者である曹操を生みだしている。だがどうしたわけかこの資料に真剣にとりくんだ日本の研究者は多くない。

その理由として、ひとつには〝倭人が集団で海を渡って中国へ行ってその地で活躍することはありえない〟とする思い込みと、もうひとつは倭人字磚を発掘したのが中国の中央の学者ではなく、地方都市の学者だからとする権威主義が災いしているようである。「倭人字磚」が世にでるまでと、出土した古墓の歴史的環境、さらには問題点をもう一度おさらいしようとおもう。

曹操宗族墓で発見された「倭人字磚」

江蘇省の北西部にある亳県《はくけん》は厳密な意味では江南ではない。だが江南の北隣りの土地にあることは見逃してはならない。ここには古くは商の都があり、秦の時代には譙県《しょうけん》がおかれ、『三国志』にもその地名であらわれる。これから述べるように倭人ともかかわりのある土地なのである。

『三国志』、とくに『魏志』「東夷伝倭人条」はこれまでにも度々引用した。ところで『三国志』の冒頭の個所を読んだことがあるだろうか。それはもちろん『魏志』の第一頁であり、まず魏の太祖武皇帝、つまり曹操の出自から書きおこしている。

太祖武皇帝は、〝沛国譙県の人なり。姓は曹、諱《いみな》は操、字は孟徳。前漢の時代に相国（宰相）をつとめた曹参の子孫である。桓帝の時代に曹騰が中常侍大長秋となり、費亭侯に封ぜられた。養子の曹嵩が爵位をつぎ、大尉に出世したがその出自はよくわからない。曹嵩は太祖を生んだ〟とある。

日本にたとえると江戸に幕府をひらいた徳川幕府は三河の岡崎で力を蓄え、さらにその先祖は三河の山間部にある松平郷にいた。この例と似ているのだが、曹操は洛陽を都にして魏王朝の始祖となった。その曹操が生まれ育ったのが譙県（亳県《はくけん》）であるし、さらに曹操の父である曹嵩ら先祖数代も譙県にいたのである。このように考えると、魏の前史は洛陽でなく亳県ではじまっていたのである。

先ほど曹騰が後漢で官職についていたのが桓帝の時代とあった。これも倭人には関係が深い。「倭人伝」には〝倭国乱れ相攻伐すること歴年、一女子を共立して王とした。名づけて卑弥呼という〟の名高い件《くだり》があるけれども、この乱は桓帝のころに始まっていた。『後漢書』ではこの乱を桓・霊（一四六―一八九）のこととしている。このうち霊帝については、渡来系の大集団である東漢氏が後漢霊帝《れいてい》の後と自称していた。このことについては先に述べたことがある。また、これはあとで重要となるが、倭国の乱のピークはもっと絞って霊帝の光和中（一七八―一八三）とする史料もある（『梁書』など）。

ところで、亳県の南郊に古墳群がある。高さ約四メートル、直径三〇～四〇メートルの円墳（日本でいえば中型の円墳）五基からなっている。これらの古墳については、北魏の酈《れき》道元《どうげん》が著した壮大な地理書『水経注《すいけいちゅう》』に、曹操の父の曹嵩らの冢《ちょう》（古墳）があることが記されているし、後で述べるように発掘成果からもこのことは裏付けられているので、中国の考古学者たちはこの古墳群にたいして「曹氏墓」とか「曹操宗族墓」の言葉を使っている。日本流にいえば曹氏の古墳群なのである。

亳県元宝坑村の曹氏一族の古墓

（緒方勉氏撮影）

この古墳群の調査は亳県博物館の李燦《りさん》氏らが一九七四年からおこなった。すると墓室の壁の用材である磚（日本では塼の字を使う）に多数の刻字があった。とくに一九七七年に発掘された元宝坑一号墳からは、のちに「倭人字磚」と名付けられた磚を含む一六四個の字磚が発掘され、文字の数は一四〇〇字にのぼるという。この墓の字磚のなかに「建寧三年四月」と刻んだものがあって、造墓の年代、少なくとも磚を焼いた年代がわかる。瓦や磚の成形をして乾燥時にヘラ状の器具で文字を刻み、それから焼きあげるのだから後世の追刻とは違う。

建寧三年は西暦一七〇年に当り、先ほどの桓帝・霊帝のうちの霊帝の時代である。少し後のことになるが、曹操は建安十年（二〇五）に厚葬を禁じ、自らの死にさいしても薄葬を実行させている。簡単にいえば厚葬とは目印となる墳丘を築くこと、薄葬は墳丘を築かず葬地がわからなくなることを理想とした。このように考えると、亳県古墳群は秦から漢へとつづいた厚葬期の最後のころの築造物なのである。以上のこともあって、元宝坑一号墳の建造時期は二世紀後半（一七〇年ごろ）とみてよかろう。

問題の「倭人字磚」の説明に移る。この字磚は「倭人」の字が刻まれていることが発掘の直後から注目され、発掘の翌年の一九七八年に中国の雑誌『文物』に発表された。ついて『文物資料叢刊』などに相次いで情報が提供された。なお、磚と塼の字の違いのこともあるが、すでに「倭人字磚」が学術用語になっているのでそれに従う。

字磚の銘文は「有倭人以時盟不」の七字で、文の一部分ではなくそれで完結している。七字のうちの始めの部分「有倭人」の三字は大きめの字にし、のこりの四字は小さめに書いていて、倭人を強調した銘文になっている。

最初のころ〝倭人ありて時をもって盟することあるか〟のように読み下していた。だが、否定や疑問の「不」が文末についている。そこでそのような文例を調べると北魏のものなどにみつかりはじめた。さらに調べると灯台下暗しのたとえのように、『魏志』「東夷伝」に二つの例があるではないか。

「倭人字磚」の文字と李燦氏の署名

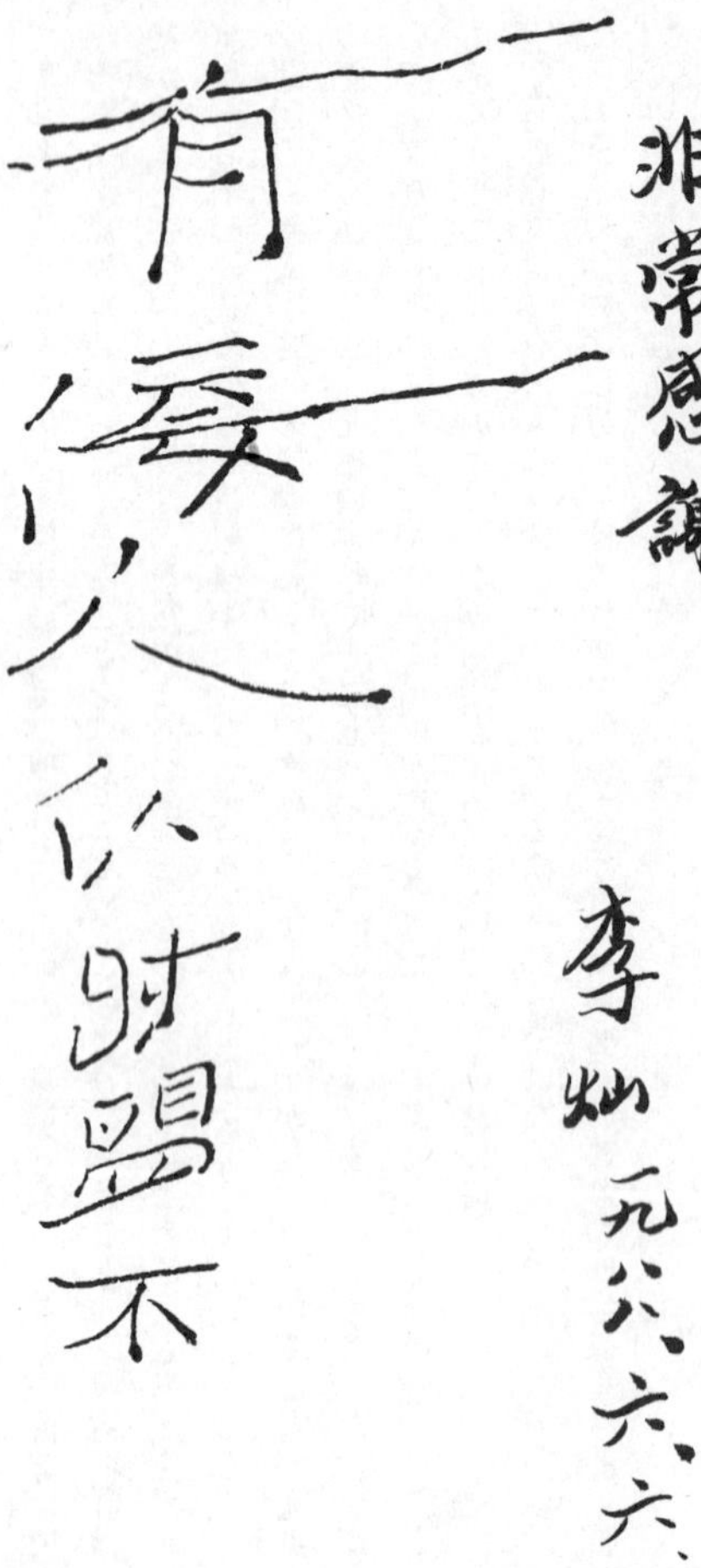

一つは東沃沮《とうよくそ》の条のなかの「問其耆老、海東復有人不」の後半の個所である。土地に攻め入った軍隊が日本海沿岸にでた時、その土地の老人にした質問の言葉で「海東にも人はいるか」ぐらいの会話体の文である。

「東夷伝韓条」にも漢人二人の会話が載っている。「我当降漢楽浪、汝欲去不」の後半で「自分は漢の楽浪郡に投降しようとおもう。君も投降したいか」ぐらいの文である。これらの例をも参考にすると「倭人が時をもって盟することがあるか」の会話体とみられる。

ところで同じ墓室から出土した字磚のなかに「会稽曹君」や「会稽曹君天年不幸喪軀」の例があって、この墓の被葬者が生前に会稽郡の太守をしていたとみてよかろう。

会稽と倭人の関係についてはすでに何度も述べた。九州島と東シナ海横断ルートで結ばれた中国側の拠点のある地域である。どうやら元宝坑一号墳の被葬者が会稽郡の太守をしていたとき、会稽の地を介して倭人と接触したとみてよかろう。なお一号墳は、『水経注』の記述なども参考にして、曹胤《そういん》の墓とみることが李燦氏らによって提案されている。もしそうであれば曹操の三代前になるし、人名はともかく被葬者は一七〇年ごろの人物である。会稽の土地にも縁が深く、倭人とも接触していたとみられ、日中の交渉史を中国側の地域の資料を生かしながら考えるうえで貴重な資料といってよかろう。

倭に乱があったころ、かなりの人数の倭人が海を渡って会稽へ移住し、その一部が亳県に移され曹家に仕えていたことも考えてよい。さらに推測を加えると倭での紛争をもちこんで、移住した倭人にまだ対立があり、それを打開するために中国との盟約という手段がとられたのであろうか。古代の日本でも「盟神探湯《くがたち》」がおこなわれたように、「盟」とは、神に盟《ちか》って約束を固めること。そのとき犠牲にされた獣の血をすりあったとも伝えられる。つまり、紛争を避けるために定期的に倭人が中国に対し共通のルールを約束していたのであろう。

もう一つ考えられることは、すでに述べたことだが、北東アジアの公孫氏勢力を魏が鎮圧した翌年の景初三年に、女王卑弥呼の洛陽への遣使の記事があり、『魏志』にそのとき魏の皇帝があたえた詔書の原文までが掲載されている。この事件は倭と魏との最初の外交関係と普通みられるし、原則的にはそれでよい。だが魏の前史として、亳県での曹氏がすでに倭人と接触していて、倭人についての情報をもっていた。そのこともあって、景初三年に使節の難升米らに破格の待遇をあたえたという見方もぼくは捨てがたい。

以上「倭人字磚」についてごくあらましを述べた。詳しくは「曹氏墓出土の倭人字磚とその問題――李燦氏の業績を中心に」(『古代史の窓』所収)を参照してほしい。

一言付け加えると、この資料が世に知られるについては、中国の中央の研究者たちのなかに資料を発見した片田舎の研究者たちへの優越意識が垣間見られることがあって気になった。ひどい論者は『後漢書』にでていない史料はおかしいというような見当違いの発言もしていたし、日本の研究者のなかにも「倭人字磚」への関心よりも北京の学者の発言にへつらう者もいた。ある新聞社（一九二頁と同じ社）では、シンポジウムでの噂話にすぎない発言を大々的に報じるという軽薄な行為もおこなった。

ぼくは『文物』でこのニュースを知ると、まず李燦氏に手紙を書いて疑問点を質問し、雑誌に掲載されている拓本では、文字の線か製作時のシワや割れ目の線か不明だったので、文字の部分をなぞった図の送付などをお願いするうちにこの資料の重要性に確信がもてるようになった。

それとともに重要なのは、「倭人」の二字だけに関心をもつのではなく、一号墳出土の字磚の文字全体のクセを熟知することである。李燦氏も指摘しているように、全体として左右の線を長く書くような傾向が強く、そのような癖を見抜くことも必要だった。また後漢の時代は、銅鏡の銘文にも見られるように減筆の流行があって、〝會〟を〝会〟に、〝時〟を〝时〟にするなどは一号墳の字磚にもあらわれている。

要するに、ぼくの「倭人字磚」についての取組みは順序を追って時間をかけて深めたものであって、他の学者がどう評価しているかということより、自分で納得のいくことを第一に考えたものであった。

その結果、李燦氏にたいして、日本人向きの一文を書くことを勧め、当時の月刊誌『歴史と人物』に「倭人磚が語る東アジア大動乱下の日本と中国」を掲載できた。しかし、この大事な文章をいわゆる「倭人伝」研究者のうち何人が読んだのだろうか。

一九八七年に、京都の近鉄百貨店などで「三国時代展」がおこなわれることになり、相談をうけた。そこで倭人字磚をぜひ出品してはどうかということになり、それが実現して「倭人字磚」ほか数点が運ばれてきた。

展覧会前日、ぼくは「倭人字磚」を手にとって見ることができたし、鮮明な写真の撮影もできた。この展覧会にあわせて李燦氏を日本に招待することになり、ぼくはこの件について自分なりにコンマを打つことができた。それから暫くして李燦氏の訃報に接したが、おそらく研究の一応の完結に満足しておられたとおもう。

ところで、中国や朝鮮半島から何十波にもなって人びとは日本列島に渡来し、何がしかの時をへると日本人に同化してしまった、このことは現代の日本人からもすんなりと認められている。ところが逆に、日本列島から中国や朝鮮半島に渡航しその地の人になってしまうという図式は認めたがらない傾向をぼくは感じる。短期間の旅や留学生としての滞在は認めるのだが、これはおかしな思考法である。ぼくはそのような意識も、先ほどの「倭人字磚」の重要性をうけつけない人がいたことの潜在理由だと感じている。

もう一つ、当時の人々の海外交流については、『隋書』「東夷伝百済条」に注目すべき一文がある。「其人雑有新羅、高麗、倭等亦有中国人」とあって、六世紀ごろの百済には新羅人、高句麗人、倭人らが雑《まじ》って住んでいて、中国人もいたのである。この描写はおそらく百済の農村部のことではなく、海岸の港町の風景だったとぼくは推定している。

ここ二十年ほどの新しい成果として、朝鮮半島の西海岸南部の全羅南道で六世紀初頭前後の前方後円墳が十数基見つかっている。それらの古墳のなかには、墳丘の裾に円筒埴輪に似た埴製品を立てたり、木製埴輪といわれる木製の立物を配した例も知られるようになってきた。

これらの前方後円墳の被葬者を一くくりにすることはむずかしいが、移住倭人とみるかそれともその地に交易の拠点をもった倭の商人とみるか、あるいは倭人を父に韓の女を母として生れた韓子《からこ》（「継体紀」）の成長した姿とみるか、いずれにしても新しい視点が必要となった。

中国側の徐福伝説

日中交流のことを書いたので、最後に秦時代の徐福（市）伝説についてふれておこう。日本では徐福「伝説」というけれども、中国では『史記』などに何度も書かれていて史実として扱われていて、これも日中での温度差がある。

中国の東海岸の東部には山東半島が東へ向って延びていて、黄海をへだてた朝鮮半島西海岸に対峙している。始皇帝が山東半島南西部の琅邪《ろうや》を訪ねたとき、方士（道士とも）の徐福に会った。方士とは不老不死のことを含め医術や占いに明るい人である。始皇帝は徐福から東方海上にあると信じられている蓬莱、方丈、瀛州《えいしゅう》という神仙（仙人）の住む島のことを聞き、その島で不老不死の薬を手にいれるため、徐福とともに童男・童女数千人が派遣された。

すでに述べたことだが、孔子も東方海上に理想の土地があったことを知っていた（『論語』）し、『漢書』にも孔子の言葉を引いて、楽浪海中に倭人が住んでいることを、理想の土地への憧憬をにじませた筆致で描いている。すでに一部は述べたことだが、記紀には多数の渡来人がいたことは記録されていて、日本列島が渡来人たちの目的地であったことは疑えない。徐福集団の渡来地を済州島とみる研究者はかなりいるが、何の根拠もないし、以上述べた中国文献の文章や記紀などの渡来人の記事が消化できていないことが感じられる。

『史記』の「秦始皇本紀」では、徐福の渡航の結末については言葉をにごしている。ところが『史記』の「准南《わいなん》・衡山《こうざん》列伝」にも徐福のことがでている。そこでは徐福は海中の大神に会い蓬莱山にも行ってきたことを始皇帝に伝え、良家の童男・童女三〇〇〇人、五穀の種、百工（さまざまの技術者）をつれ出航し、平原広沢の地で王となって中国へは帰ってこなかったと記している。

徐福の渡航は、計画的で大規模な集団移住だったとみられる。童男・童女は未婚の男女のことで、渡航先で結婚すれば子孫が増える。五穀と百工は中国の生活を維持するためには必要だった。

中国でも渡航後の徐福については関心がもたれたようである。『三国志』『呉書』「呉主伝」に次のような文がある。呉主とは孫権のことである。

黄龍二年（二三〇）に孫権は二人の将軍に甲士一〇〇〇〇人を率いさせ、航海して夷洲と亶洲《たんしゅう》に遣わした。夷洲は台湾とみられる。亶洲では「長老伝え言う。秦始皇帝、方士徐福を遣わし、童男、童女数千人を率いて海に入りて、蓬萊神山及び仙薬を求めしむ。この洲《しま》にとどまりて還らず」。さらに「今」の状況について「世々相承けて数万家あり、その上（土か）の人民、時に会稽に至り貨布する者あり。会稽東県の人も海行し、また颪にあって流移して亶洲に至る者あり。ある所絶遠、卒（兵士ら）至ることを得ず」と述べている。

詳述はしないが亶洲とは種子島、とする説が最近の学界ではたかまっている。それは種子島にある弥生時代の広田《ひろた》遺跡で死者を飾った中国風の貝札《ばいさつ》が多数出土してからの発掘関係者らの見解であり、ぼくも支持してきた。厳密にいえば、種子島とその周辺の土地、ことによると大隅半島をも含む地域とみることもできる。

有明海沿岸、人吉盆地、日向、薩摩や大隅、さらに種子島や屋久島などは大和を重視する研究者からみれば地方の一地域にすぎないかもしれない。だがそれぞれの地域にのこる考古学遺跡にはきわめて重要なものも多いし、記紀にもそれを示す伝承がある。そのような土地についての知識がなければ徐福関連の中国史料を読んでも気づかずに見すごすこともあろう。古代史のおさらいの第一歩は各地を懸命に歩くことから始まる。

日本各地に残る徐福伝説

前節では、中国側の徐福史料をみたが、日本各地にも徐福伝説が伝わっている。そのうち紀伊の熊野については、明に渡った五山の僧絶海中津《ぜっかいちゅうしん》が明の皇帝の質問に答えた詩のなかに次の一文がある。（読み下しは森の試案）。十四世紀に作られた詩である。

熊野ノ峰前　徐福ノ祠アリ
満山ノ薬草ハ　雨ヲ余《のこ》シテ肥ユ
只今海上ノ波濤穏ヤカ
万里ノ好風　須《すべから》ク早帰スベシ

熊野の徐福伝説としては、和歌山県新宮市の蓬萊山とよぶ丘の近くに徐福の墓があるし、三重県側の熊野市波田須《はたす》にも墓と徐福神社がある。このほか丹後の伊根町にある新井崎神社は徐福を祠るし、鹿児島県の川内市と串木野市にまたがる冠岳には徐福が冠をのこしたとする伝説があり、室町時代の儒学者桂庵玄樹《けいあんげんじゅ》のよんだ詩のなかにもそのことが出ている。

各地の徐福伝説のうち、有明海沿岸には、現代にも信仰と結びついた伝説があって注目される。先ほど『史記』の「准南《わいなん》・衡山《こうざん》列伝」のなかで、徐福の渡航先について〝平原、広沢（の地）を得て止まる〟と書いてあることを述べた。この地形の描写は、堀とよばれるクリークが縦横に掘られ生活に生かされている佐賀平野を連想することができ、参考になる。堀は灌漑にも舟運にも使われた。

佐賀平野を見下ろす背振《せぶり》山地に金立山《きんりゅうざん》という海抜五〇二メートルの峰があって、徐福伝説とそれにまつわる信仰は金立山を中心にしてひろがっている。金立山から見下ろす視界には弥生集落としての吉野ヶ里遺跡や肥前国の国府や国分寺の跡もある。

金立神社は山頂に上宮、中腹に中宮、山麓に下宮があり、祭神の一つが徐福である。金立神社には製作年は不明ながら縁起を描いた掛物が伝わっていて、徐福王子（この縁起での表記）が童男・童女を従えて船より上陸しようとする光景が描かれている。絵画の描写が丁寧で、掛物を納める箱には十七世紀に作られたとする墨書があって、室町時代ごろに遡る作品とみられる。

掛物のなかでの徐福の上陸の地は、筑後川川口の南西にある佐賀市諸富《もろとみ》町であって、ここにも徐福伝説は多い。佐賀平野に住む人びとは正月に〝金立《きんりゅう》さんみゃーい（詣）〟をおこなうし、五〇年に一度の金立神社の大祭には徐福伝説がのこる道筋にそって神輿《みこし》が下って海辺の諸富町までねり歩く。

佐賀に内藤大典さんがおられた。佐賀の徐福伝説を考古学から裏付けることを目指された方である。そのために日本の考古学者たちに中国沿岸部の土地やそこでの考古学的事実を勉強してもらうことが大切と考えられ、視察旅行や日中の学者によるシンポジウムを何度も実現された。前にふれた杭州市での百越《ひゃくえつ》シンポジウムも内藤さんの努力で実現したものだった。

内藤さんはぼくと同じ一九二八年の生まれ。晩年に佐賀平野に視点をおいての徐福の渡来についての著述の執筆をはじめられ、何度か原稿のコピーが送られてきて意見を求められた。残念ながら完成をみることなく二〇〇五年に他界され、佐賀の徐福研究の勢いが弱まったのは惜しいことである。

広い意味では有明海地域になるが、福岡県八女《やめ》市にも根強い徐福伝説がある。八女は磐井の墓と考えられている岩戸山古墳の所在地であって、岩戸山古墳より東方約五・五キロの山麓に童男山《どうなんさん》という円墳がある。複室構造の横穴式石室が開口していて、石室内には徐福と伝えられる石像が祠られている。六世紀後半の古墳で磐井戦争より半世紀ほど後の古墳である。

童男山という地名は徐福がつれていた童男・童女にかかわっていそうである。土地では徐福の乗っていた船が古墳の石室になったと伝えている。

古墳のある土地の小学校では、毎年徐福が死んだと伝える一月二十日に童男山古墳を舞台として〝ふすべ〟という行事がおこなわれ、最後に徐福の上陸から死までの紙芝居がおこなわれている。徐福が上陸したとき、体力が弱まっていたので村人は焚火で温めたという。〝ふすべ〟は燻《ふす》べる、つまり煙でいぶすこと、ぼくは河内に住んでいたころ、焚火のときに〝くすべる〟を使っていてそれと同じであろう。以上のほか佐賀県伊万里市の黒川町にも徐福が上陸した土地とする伝説がある。ぼくはこれらの徐福伝説のある土地を歩いてみたが、やはり平原広沢の地としての佐賀平野の徐福伝説から強烈な印象をうけた。

以上みたように徐福伝説は各地にのこるが、『新撰姓氏録』には徐福の子孫とつたえる氏はみられない。秦氏のように〝秦の始皇帝三世の孫孝武王の後〟とか、さらにその後の〝功満王や融通王の後〟とする例はあるけれども、徐福を先祖とするものはいない。これも追究に値する研究課題におもえる。

おわりに——百済・武寧王の子孫としての桓武天皇

今回は書く余裕はないが、先に熊襲や隼人、さらに蝦夷の例でみたように、日本列島の各地にいた集団が列島内を移住した説話も多いし、それに関連しそうな考古学的な資料はすこぶる多い。これらの移動や移住と、列島外からの渡来を峻別してよいのか、それとも類似現象とみるか、このことはさらに追究すべきであろう。日本文化の形成を考えるうえでの基本事項になることは間違いなさそうである。

ここで「明日香」という土地について考えてみよう。

明日香は六、七世紀には相次いで都の置かれた土地で、飛鳥時代という歴史用語もよく使われている。ところが飛鳥時代の包括する期間についての定義はかなり曖昧で、本によっては〝六世紀中葉から七世紀前半までの約一世紀〟（『日本史広辞典』）とすることもある。美術史ではさらに狭めて七世紀前半にしていることもある。

明日香地域における政治的な重要施設として筆頭にあげられるのは伝飛鳥京跡である。

伝飛鳥京跡は、数十年にわたる地道な発掘成果の蓄積によって、同じ遺跡のうちの下層遺構が皇極天皇（斉明天皇でもある）の飛鳥板蓋宮《いたぶき》、上層遺構が天武天皇から持統天皇におよぶ飛鳥浄御原宮《きよみがはら》であることがわかりだした。つまり従来の漠然とした〝飛鳥時代〟の考えでは、飛鳥浄御原宮のころは〝奈良時代前期〟として〝飛鳥時代〟には含められなくなり、都の所在地を時代名とする原則とは矛盾が露呈する。それだけでなく日本最初の都市計画にもとづいて造営された都京としての藤原京（六九四—七一〇）は、狭く考えると明日香の範囲ではないが、飛鳥川の流域にあって明日香に北接する土地であり、ぼくは飛鳥時代に含めてよいように考える。つまり飛鳥時代は藤原京の造営によって完結したと考え、古代国家の成立は飛鳥時代のうちだったとみることができるのである。

後漢霊帝の後裔と伝える東漢《やまとのあや》氏についてはしばしばふれた。『紀』では応神十四年に、弓月君《ゆげつのきみ》が百二十県の人夫（人民）をひきいて日本列島に来帰したと伝えている。この時の記事では百済からの渡来を述べているが、新羅人の妨害をうけて朝鮮半島南部の加羅にとどまり、その地からの渡来としている。伝承上のことではあるが、まず中国から朝鮮半島に移住し、かなりの期間そこに滞在してからの渡来であったとみられる。これはもう一つの代表的な渡来系氏族である秦氏についても同じような家伝がみられる。

東漢氏は六世紀ごろから坂上氏、文氏、民氏などに分かれるが、宗家の役割を果たしたのが坂上《さかのうえ》氏であった。坂上氏からは桓武天皇のときに征夷大将軍に任じられ、蝦夷政策で活躍した坂上田村麻呂がでた。田村麻呂の父も武人として名をはせた坂上苅田麻呂で、人《あお》忌寸《いみき》の姓をうけた人である。

苅田麻呂は宝亀三年（七七二）に、同族の檜前《ひのくま》忌寸を大和国高市《たけち》郡の郡司に任ぜられたことを言上した。宝亀のころには大和の表記ができていたので、ぼくも大和国と書く。

言上文のなかで〝先祖の阿智使主《あちのおみ》は軽嶋豊明宮《かるしまとよあきらのみや》で政治をとった天皇（応神のこと、都は明日香西部の軽にあったとする）のとき、一七県の人夫をひきいて帰化し、高市《たけち》郡檜前村をたまわって住んだ。およそ高市郡内は檜前《ひのくま》忌寸や一七県の人夫が地に満ちていて、他姓の者は十にして一、二なり（以下略）〟と述べ、一族から高市郡の郡司が任命されることの正当さを申し立てた（『続日本紀』）。

苅田麻呂の言上文は、政府へ出すものだから多少の誇張はあるだろうが、かなり事実に近いことを述べたのであろう。飛鳥時代に都があった高市郡内では八世紀後半になっても住民の大半が東漢氏系の人びとだったということは注目してよかろう。いうまでもないが、明日香には呉の孫権ののちという身《む》（牟）狭村主《さのすぐり》がいたし、彼がともなってきた呉の工人たちも呉原（栗原）にいた。

苅田麻呂の言上文に檜前《ひのくま》村とある。村といえばつい江戸時代ごろの農村を連想しがちだがそれは違う。別の機会に述べたことだが、近江の紫香楽《しがらき》宮についても聖武天皇の詔のなかで〝朕まさに近江国甲賀郡信楽村に行幸せん〟と村のつく地名がでている。

桓武天皇の長岡京についても、山背国乙訓《やましろのくにおとくに》郡長岡村への遷都で実現し、村名の長岡をとって京の名としている。さらに平安遷都も同じ国の〝葛野《かどの》郡宇太《うだ》村〟への遷都であった（「ムラと村について」、『山野河海の列島史』所収）。これらの〝村〟という字の使用例から、古代の〝村〟はひらけた土地への呼称であったことが推測でき、檜前村の繁栄の一端がしのべる。

桓武天皇は大和の平城京から離れ、今日の京都府に遷都した。まず長岡村に都を移したが、この地はかつて継体天皇の弟国（乙訓）宮の故地をも含んでいた。しばらくしてさらに北東に隣接した宇太村への遷都を果たした（平安京）。

ここで桓武天皇の出自についてふれる。桓武の父は天智天皇系の光仁天皇である。光仁は即位より前の、白壁《しらかべ》王だった時代に夫人の高野新笠《たかのにいがさ》との間に子をもうけている。これがのちの桓武である。

高野新笠の父は渡来系の和乙継《やまとおとつぐ》で母は土師《はじの》眞妹《まいも》である。つまり渡来人と日本人との結婚で誕生した母から生まれたのが桓武である。

『新撰姓氏録』左京諸蕃の条の和《やまと》朝臣の説明に「百済国都慕《とぼ》王十八世孫武寧王の後なり」

高野新笠の大枝陵

としているし、土師眞妹については、出雲系の野《の》見宿禰《みのすくね》の後裔で土師氏の四腹のうちの毛受《もず》（百舌鳥）腹に属し、山背の乙訓の大枝にも拠点をもっていたので大枝眞妹ともいったという。

　高野新笠は延暦八年（七八九）に死んだ。翌年正月に大規模な葬儀がおこなわれ、崩伝が『続日本紀』に記録されている。〝后の先は百済の武寧王の子の純陁《じゅんた》太子より出〟と述べ、さらに〝百済の遠祖都慕《とぼ》王は河伯の女、日精に感じて生める所なり。皇太后（新笠のこと）はその後であるから天《あめ》高知日《たかしるひ》之《の》子姫尊《こひめのみこと》の諡《おくりな》を奉った〟とある。

　朝鮮半島の高句麗、夫余、百済の始祖干伝承には、共通の人物を始祖とするなど類似する部分があって、ここで言っている都墓のほか朱蒙《しゅもう》や鄒牟《すうむ》ともいい、東明王ともよぶことがある。それらの始祖伝承は古代の日本にもよく知られていたのである。なお武寧王の子・純陁《じゅんた》太子については『紀』の継体七年に、百済の太子淳陀の死亡が記されている。純と淳の違いはあるが、これは古代にはよくあることである。

ぼくは次のことを記憶している。二〇〇一年十二月に天皇誕生日前日の記者会見で、今の天皇がご自分の出自にふれ〝桓武天皇の母は百済の武寧王の子孫である〟と述べられた。これは先ほどの高野新笠の崩伝の記事にもつづく発言であったと推測できた。

渡来人の血が入っているのは天皇家が例外というのではなく、先ほどの土師氏の例にもあったように、渡来人との婚姻は珍しいことではなかった。

ぼくの見聞をもまじえると、結婚して二代もたつと、そのような混血意識はほとんど周囲の人びとにも薄れてしまう。ぼくはそのような意識をもたらすのは、一つにはこの国の風土に具《そな》わった力かとおもう。どの家の先祖が渡来系かどうかを穿鑿《せんさく》しようとする意識は、昔の日本人も現代の日本人ももっていないようにぼくは感じている。

あとがき

限られた時間と紙数のなかで古代史の重要項目をおさらいするとなると、今回取りあげた内容が次々と頭に浮び一気に書き終えた。

もちろんまだまだ多くの重要項目はあるけれども、一冊の本にまとめるとなると以上のような項目でぼくは満足した。それに派生することは今までに何らかの形で言及していると考えている。

書名を『古代史おさらい帖』にした。「考古学・古代史おさらい帖」でもよいが、両方を合わせて古代史の言葉でいいあらわせるとみた。また「おさらい」でなく「入門」とする意見もあったが、入門とは人に伝授するに足る不動の学問が築きあげられたときに使える言葉とぼくはみる。ぼくのようにくる日もくる日も、あれこれの事を頭のなかで反芻している者にとっては「おさらい」することはできても入門の伝授はできず、この題名が自然に湧いてきた。「おさらい」とは七九歳になったぼく自身のためにおこなっていることでもある。

ぼくは九九年三月に大学を退職した。その二年ほど前からビデオで「森浩一が語る日本の古代」全一二巻の収録をユーキャンから提案された。このころ書物では意見を述べるのにある種の限界を感じることもあったので、この一二巻でぼくの考えていることをほぼ出しつくすことができるように力を注いだ。ところがそのころがちょうど発病期に当っていて、毎回の収録が大変苦しかった。今から画面を見直しても、別人のようにやつれているし声にも張がない。でも何とか収録は終り、その直後に緊急入院となった。

このぼくの古代史関係最後になるだろう書物で、〝ここにも挿図がほしい〟と思う人は前記のビデオを見てほしい。今回の書物では、視覚によってわかったように思いこんでしまうことをおそれ、できるだけ文字を通しての説明で理解してもらえたらと考えた。読むということには忍耐も必要だし、読みこなす能力も必要となる。

読者のなかに、もし自説なるものをお持ちの場合も、一度それを横において淡々とおさらいをしてほしい。そのような機会は、誰にとっても一生にそう何度もあるわけではなかろう。ぼくの古代史についてのまとまった発言は、たぶんこの書物で終りになるだろう。

文庫版あとがき

『古代史おさらい帖』を書いてから四年たった。今回、文庫になるにさいして誤字などの訂正はしたけれども、内容については加筆しなかった。

「木を見て森を見ず」という先人がのこした名言がある。考古学でいうならば、「木」とは石器、弥生土器、横穴式石室、瓦などであり、それぞれについては細かい研究はするけれども、日本文化の特色（形）とか日本古代史全体でその研究がどんな役割を占めているかに無関心な人のことである。

古代史についてもこれは言える。都での出来事などの研究は細かくしていても、蝦夷や隼人にはほとんど関心をもたない人を見かける。もっと言えば蝦夷や隼人にコンパスの軸をおいての研究（地域学でもある）は依然として乏しい。

本書で書き切れなかったことについて、この四年間に書いた次の本をも参考にしてほしい。

『日本の深層文化』、『倭人伝を読みなおす』、『萬葉集に歴史を読む』の三冊、地域史の実践として『京都の歴史を足元からさぐる』（全六巻）にも心血をそそいだ。それらでは『古代史おさらい帖』で書き切れなかった問題点にもふれている。

なお秋から雑誌の『歴史読本』に「敗者の古代史」を連載し、人生最後の登山に挑戦します。

二〇一一年九月六日

森　浩一

ま

や

ら

わ

た

な

は

か

さ

事項索引

あ

ら

わ

な

は

ま

や

さ

た

人名索引

本書は、二〇〇七年十月五日、筑摩書房より刊行された。

古今和歌集　小町谷照彦訳注

王朝和歌の原点にして精髄と仰がれてきた第一勅撰集の全歌訳注。歌語の用法をふまえ、より豊かな読みへと誘う索引類や参考文献を大幅改稿。

徒然草　兼好／島内裕子校訂／訳

後悔せずに生きるには、毎日をどう過ごせばよいか。人生の達人による不朽の名著。全二四四段の校訂原文と、文学として味読できる流麗な現代語訳。

梁塵秘抄　西郷信綱

遊びをせんとや生れけむ——歌い舞いつつ諸国をめぐる「遊女」が伝えた今様の世界を、みずみずしい切り口で今によみがえらせる名著。（鈴木日出男）

古事記注釈（全8巻）　西郷信綱

片々たる一語の中に古代の宇宙が影を落す。一語一語に正対し、人類学、神話学等の知見も総合して根本から解釈を問い直した古事記研究の金字塔。

古事記注釈 第一巻　西郷信綱

古事記研究史上に粲然と輝く不朽の名著を全八巻で文庫化。本巻には著者の序「古事記を読む」と、「太安万呂の序」から「黄泉の国、禊」までを収録。

古事記注釈 第二巻　西郷信綱

須佐之男命の「天つ罪」に天照大神は天の石屋戸に籠るが祭と計略により再生する。本巻には「須佐之男命と天照大神」から「大蛇退治」までを収録。

古事記注釈 第三巻　西郷信綱

試練による数度の死と復活。大国主神とは果たして何者か。そして国譲りの秘める意味は。本巻には「大国主神」から「国譲り（続）」までを収録。

古事記注釈 第四巻　西郷信綱

高天の原より天孫たる王が降り来り、天照大神は伊勢に鎮まる。王と山の神・海の神との聖婚から神武天皇が誕生し、かくて神代は終りを告げる。

古事記注釈 第五巻　西郷信綱

神武東遷、八咫烏に導かれ、大和に即位する。王位をめぐる陰謀、「初国知らしし天皇」崇神の登場、垂仁は不死の果実を求めタヂマモリを遣わすが……。

古事記注釈 第六巻 西郷信綱

英雄ヤマトタケルの国内平定、実は父に追放された猛き息子の、死への遍歴の物語であった。神功皇后の新羅征討譚、応神の代を以て中巻が終わる。

古事記注釈 第七巻 西郷信綱

大后の嫉妬に振り回される「聖帝」仁徳。軽太子の道ならぬ恋は悲劇的結末を呼ぶ。そして王位継承をめぐる確執は連鎖反応の如く事件を生んでゆく。

古事記注釈 第八巻 西郷信綱

王の中の王・雄略以降を収録する最終巻。はるか神代の創造神話は、女帝・推古までの「天つ日継」の系譜をもって幕を閉じる。詳細な索引を増補。

萬葉集に歴史を読む 森浩一

古の人びとの愛や憎しみ、執念や悲哀。万葉集には、数々の人間ドラマと歴史の激動が刻まれている。考古学者が大胆に読む、躍動感あふれる万葉の世界。

ヴェニスの商人の資本論 岩井克人

〈資本主義〉のシステムやその根底にある〈貨幣〉の逆説とは何か。その怪物めいた謎をめぐって、明晰な論理と軽妙な洒脱さで展開する諸考察。

資本主義を語る 岩井克人

人類の歴史とともにあった資本主義的なるもの、結局は資本主義を認めざるをえなかったマルクスの逆説。人と貨幣をめぐるスリリングな論考。

クレオール主義 今福龍太

植民地に産声をあげたクレオール文化。言語・民族・国家など、自明な帰属からの解除を提唱する、文化の混血主義のしなやかなる宣言。（西成彦）

増補 敗北の二十世紀 市村弘正

人間の根源が危殆に瀕するほどの災厄に襲われた二十世紀。知識人たちの応答とわれわれに残された可能性に迫る省察の結晶。（熊野純彦）

現代思想の教科書 石田英敬

今日我々を取りまく〈知〉は、4つの「ポスト状況」から発生した。言語、メディア、国家等、最重要論点のすべてを一から読む！ 決定版入門書。

南方熊楠随筆集　益田勝実編
博覧強記にして奔放不羈、稀代の天才にして孤高の自由人・南方熊楠。この猥雑なまでに豊饒な不世出の頭脳のエッセンス。（益田勝実）

奇談雑史　宮負定雄　佐藤正英／武田由紀子校訂・注
霊異、怨霊、幽明界など、さまざまな奇異な話の集大成。柳田国男は、本書より名論文「山の神とヲコゼ」を生み出す。日本民俗学、説話文学の幻の名著。

俠客と角力　三田村鳶魚　柴田宵曲編
俠客と角力はもともと似たような畠から発生したものである――。江戸風俗の生字引・鳶魚が語る相撲とヤクザのルーツと歴史。（氏家幹人）

贈与論　マルセル・モース　吉田禎吾／江川純一訳
「贈与と交換こそが根源的人類社会を創出した」。人類学、宗教学、経済学ほか諸学に多大の影響を与えた不朽の名著、待望の新訳決定版。

柳田國男対談集　宮田登編
民俗学の巨人柳田國男の学問と思想を知る上で貴重な対談集。日本人の神観念についての折口信夫との興味深い対談など九編を収録。（宮田登）

貧困の文化　オスカー・ルイス　高山智博／染谷臣道／宮本勝訳
大都市に暮らす貧困家庭を対象とした、画期的なフィールドワーク。発表されるや大きなセンセーションを巻き起こした都市人類学の先駆的書物。

日本の歴史をよみなおす（全）　網野善彦
中世日本に新しい光をあて、その真実と多彩な横顔を平明に語り、日本社会のイメージを根本から問い直す。超ロングセラーを続編と併せ文庫化。

日本史への挑戦　森浩一　網野善彦
関東は貧しき鄙か？　否！　古代考古学と中世史の巨頭が、関東の独自な発展の歴史を掘り起こし、豊かな個性を明らかにする、刺激的な対論。

米・百姓・天皇　網野善彦　石井進
日本とはどんな国なのか、なぜ米が日本史を解く鍵なのか、通史を書く意味は何なのか。これまでの日本史理解に根本的転回を迫る衝撃の書。（伊藤正敏）

夜這いの民俗学・夜這いの性愛論　赤松啓介

筆おろし、若衆入り、水揚げ……。古来、日本人は性に対し大らかだった。在野の学者が集めた、柳田が切り捨てた性民俗の実像。（上野千鶴子）

差別の民俗学　赤松啓介

人間存在の病巣〈差別〉。実地調査を通して、その実態・深層構造を詳らかにし、根源的解消を企図した赤松民俗学のひとつの到達点。（赤坂憲雄）

非常民の民俗文化　赤松啓介

柳田民俗学による「常民」概念を逆説的な梃子として、「非常民」こそが人間であることを宣言した、赤松民俗学最高の到達点。（阿部謹也）

アイヌの昔話　稲田浩二編

アイヌ族が遠い祖先から受け継いだ韻文のユーカラと散文のウェペケレの中から最も愛されているものを選び「昔話」の名で編集。文庫オリジナル。

異人論　小松和彦

「異人殺し」のフォークロアの解析を通し、隠蔽され続けてきた日本文化の「闇」の領野を透視する。新しい民俗学誕生を告げる書。（中沢新一）

悪霊論　小松和彦

人々に祟り、人に憑いて、その怨みを自ら語る悪霊たちの魂とは？　モノ憑き・怨霊譚の奥深くわけ入って探る日本の「闇」の底。（内田隆三）

聴耳草紙　佐々木喜善

昔話発掘の先駆者として「日本のグリム」とも呼ばれる著者の代表作。故郷・遠野の昔話を語り口を生かして綴った183篇。（益田勝実・石井正己）

江戸人の生と死　立川昭二

神沢杜口、杉田玄白、上田秋成、小林一茶、良寛、滝沢みち。江戸後期を生きた六人は、各々の病と老いをどのように体験したか。（森下みさ子）

汚穢と禁忌　メアリ・ダグラス　塚本利明訳

穢れや不浄を通し、秩序や無秩序、存在と非存在、生と死などの構造を解明。その文化のもつ体系的宇宙観に丹念に迫る古典的名著。（中沢新一）

ちくま学芸文庫

古代史《こだいし》おさらい帖《ちょう》
考古《こうこ》学《がく》・古《こ》代学課《だいがくか》題《だい》ノート

二〇一一年十月十日　第一刷発行

著　者　森浩一（もり・こういち）

発行者　熊沢敏之

発行所　株式会社　筑摩書房
東京都台東区蔵前二―五―三　〒一一一―八七五五
振替〇〇一六〇―八―四一二三

装幀者　安野光雅

印刷所　三松堂印刷株式会社

製本所　三松堂印刷株式会社

乱丁・落丁本の場合は、左記宛にご送付下さい。
送料小社負担でお取り替えいたします。
ご注文・お問い合わせも左記へお願いします。
筑摩書房サービスセンター
埼玉県さいたま市北区櫛引町二―六〇四　〒三三一―八五〇七
電話番号　〇四八―六五一―〇〇五三

ISBN978-4-480-09412-4　C0120